RIZAL

監修者――佐藤次高／木村靖二／岸本美緒

［カバー表写真］
「独立」百周年を記念して、マニラ市役所前に建てられたボニファシオ像
（KKKはカティプナンの略称）

［カバー裏写真］
「独立」百周年のシンボルマーク
（KALAYAANとは「独立（自由）」、
KAYAMANAN NG BAYANとは「祖国の宝」の意）

［扉写真］
建設中のリサール像
（1911年撮影、翌年完成）

世界史リブレット123

未完のフィリピン革命と植民地化

Hayase Shinzo

早瀬晋三

目次

フィリピンの歴史を学ぶということ

フィリピンの歴史を学ぶということは、それだけにとどまらないものがある。従来の欧米中心史観や日本中心史観からみていた世界や時代、日本が、また違った角度からみえてくるのである。

フィリピン諸島には、十六世紀に当時世界の最強国であったスペインの植民根拠地がマニラにおかれ、やがてフィリピンはアジアで唯一のカトリック教徒が大多数を占める植民地国家になった。十九世紀になると同じくスペインの植民地であった中南米で独立運動が盛んになり、フィリピンはアジアでもっとも早くからナショナリズム運動を展開した国・地域の一つとなって、ほかのアジア諸国・地域にも影響を与えた。しかし、本書で詳しく述べるように、スペインからの独立運動は成功したかにみえながら、結局は十九世紀末にアメリカ合衆国の植民地になったことで挫折した。「自由と民主主義」を標榜する近代を代表する大国アメリカのもとで、物質文化が浸透することになったが、フィリピンは決して「自由と民主主義」を謳歌し、物質文化に恵まれた「豊か」で安定した国家にはならなかった。

また、フィリピンは日本と地理的に近く、黒潮で結ばれ、古くから関係が深い。十六～十七世紀には、マニラに最盛期三〇〇〇人の東南アジアでもっとも日本人人口の多い日本人町▲が出現し、もっとも長期間存続した。当時の東南アジアは、鄭和《ていわ》▲の南海遠征（一四〇五～三三年）などを契機に交易活動が活発になっており、遅れて西ヨーロッパ諸国や日本が参入したことで、さらに活気づいていた。朱印船貿易を介した日本中心史観とは違う、アジア史や世界史のなかでの近世（初期近代）日本の姿が、フィリピンをとおしてあらわれてくる。

フィリピンは、明治以降の近代日本との関係も深かった。日本は、フィリピン革命（一八九六～一九〇二年）に介入して帝国主義国家の一面をみせると同時に、日本人単純肉体労働者が不法にフィリピンで働くなど、貧困化するアジア

マニラ市パコの高山右近像　キリシタン大名・高山右近（一五五二～一六一五）は、一六一四年の禁教令によりマニラに追放された。マニラでは大歓迎を受けたが、熱病で到着後四〇日ほどで没した。一九七八年、日本人町のあったパコに高山右近像が建立された。

▼日本人町　十六世紀の終わりころから日本人の海外渡航が増加し、朱印船で渡航し現地に逗留した商人や関ヶ原で敗れ浪人となった者などが、南洋日本人町を構成した。マニラには、日本を追放されたキリスト教徒やハンセン病患者もいた。

▼鄭和（一三七一～一四三四頃）　明の永楽帝に仕えたイスラーム教徒で、七回の遠征を指揮した。遠征隊はアフリカ東岸までいたり、南海諸国との交流を活発化させ、現地にとどまった者は南洋華僑の祖となった。

フィリピン地図

東南アジア地図

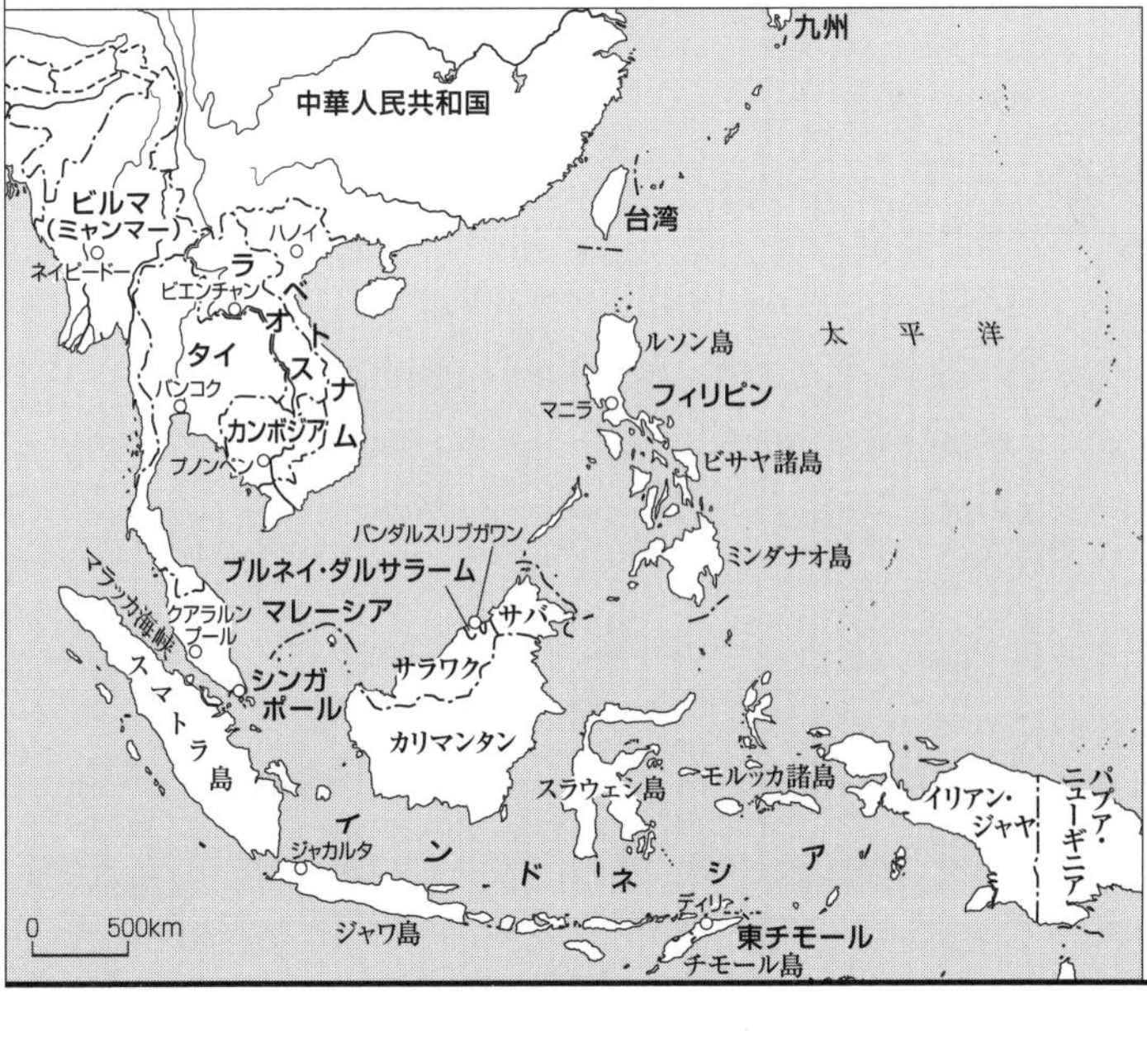

の一面をみせた。そして、第一次世界大戦を契機に、日本商品はフィリピン市場に進出し、南部ミンダナオ島のダバオではマニラ麻産業で成功した日本人移民が増加した。日本とフィリピンの宗主国アメリカとの戦争が始まる前には、約三万人の日本人がフィリピンに居住し、そのうち二万人がダバオで暮らしていた。近代日本の姿も、フィリピンをとおしてみえてくる。しかも、世界の最強国となったアメリカとの関係をとおしてみえてくる。

日本の占領期（一九四二～四五年）をへて一九四六年に独立したあとも、フィリピンは引き続きアメリカの強い影響下にあったが、五六年の日比国交回復後、ふたたび日本との関係が深まった。日本とフィリピンの歴史的かかわりを示す記念碑も、日本を代表する場所で見ることができる。東京の日比谷公園には、フィリピン第一の国民的英雄であるリサール（一七頁参照）の記念碑が、生誕百周年（一九六一年）を記念して建てられた。同公園には、一九五三年に日本人戦犯一〇五人を恩赦したキリノ大統領▲の顕彰碑も二〇一六年に建てられた。横浜の山下公園には、フィリピン革命軍の総司令官で、一九一五年に日本に亡命してきたリカルテ将軍（六八頁参照）の記念碑がある。そして、大阪の道頓堀にか

日比谷公園のリサール記念碑　リサールは、公園の近くの東京ホテルに一八八八年三月二日から七日まで滞在した。

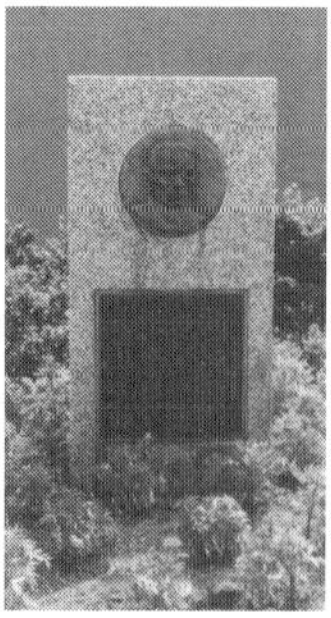

山下公園のリカルテ将軍記念碑　リカルテは横浜に居住し、フィリピンとアメリカを往き来する途中に横浜に寄港したフィリピン人と交流をもった。

▼エルピディオ・キリノ（一八九〇～一九五六）　イロコス出身。一九四八年にロハス大統領の死去により大統領に昇格。五三年の大統領選に敗れる。

かる広告ネオンの陸上選手は、戦前にアジア大会で活躍したフィリピン人選手がモデルの一人だともいわれている。

それにしても、フィリピンはアメリカと日本という大国の影響を受けながら、経済的にそれほど豊かにならず、政治的にも安定していない。アメリカがリードする時代であるなら、フィリピンはアメリカが理想とする模範的な国家になっていても不思議ではないはずだが……。その謎は、未完に終わったフィリピン革命とアメリカ植民支配下の国家形成にあるようだ。そして、フィリピンの近代国民国家形成に、日本がどのようにかかわったのか。本書では、改革運動・独立運動が本格化した一八七二年から独立準備政府▲が成立した一九三五年までを中心に、フィリピン近代史を概観することによって、今日のフィリピンの原像を明らかにし、アメリカ主導の世界、日本とほかのアジア諸国・地域とのかかわりを考える。

道頓堀のネオン　戦前の日本とフィリピンはスポーツ交流が盛んで、アジア大会で活躍したフィリピン人陸上選手が話題になった。

▼独立準備政府　フィリピン・コモンウェルス政府。一〇年後の完全独立を予定して一九三五年十一月に発足した自治政府。日本占領期にはアメリカで亡命政府を樹立した。一九四六年七月四日予定通り独立して、役割を終えた。

①—フィリピンにとっての近代

「失われた歴史」

フィリピン人歴史研究者のなかには、スペイン植民支配下のフィリピンの歴史(一五七一～一八九八年)を、「失われた歴史」として書くことに抵抗を感じる者がいる。フィリピン人を主体として書けないからである。その一方で、植民支配下でも、フィリピン人は自主性をもって、自分たちの文化や社会を守り、例えばスペインがもたらしたカトリックも自分たちの社会に合うように変えて、フィリピン独自の信仰形態(フォーク・カトリシズム〈三八頁参照〉)を発展させたと理解する者もいる。いずれにせよ、フィリピン人は、近代の到来とともに、民族意識を発展させ、スペインからの独立を求めるナショナリズム運動を展開したという点では一致し、本格的なフィリピン史の記述を十九世紀後半に始める。

フェリペ王子(のちのフェリペ二世▲)にちなんでフィリピンと命名された諸島について、十六世紀にスペイン人が到来するまでのことは、若干中国の史料に

▼**フェリペ二世**(一五二七～九八)　スペイン王の在位は一五五六～九八年。一五八〇年から同君連合でポルトガル王もかねた。「太陽の沈まぬ国」の王として、スペイン王政絶頂期に君臨した。

▼**フェルディナンド・マゼラン**(一四八〇頃～一五二一)　ポルトガル人の航海者で、ポルトガル名はマガリャンイス。一五一九年にスペインを出発したマゼラン隊は二二年に帰着して、世界初の世界周航を成しとげたが、マゼランは二一年にフィリピン諸島中部セブ島沖のマクタン島で殺害された。マクタン島には、マゼランを讃える記念碑とマゼランを殺害した首長ラプラプを英雄として讃える記念碑が並んで建っている。

ラプラプ像(マクタン島) うしろにマゼランの記念碑がみえる。

▼低地キリスト教徒 ルソン島北部のイロカノ、中南部のタガログ、ビサヤ諸島のセブアノなどの主要な民族言語集団は、海岸付近の平野などに居住し、高地諸民族やイスラーム教徒諸民族と対比できる統合性・同質性を、キリスト教化以前から有していた。

記録が残っているだけで、詳しいことはわかっていない。一五二一年に世界周航途上のマゼラン▲隊が到達し残した記録が、書かれたものとしては最初のまとまったもので、人口数百人程度の自然集落中心の首長制社会が形成されていたようすが描かれている。

この諸島では、一五七一年にマニラに植民根拠地がおかれて以降、キリスト教化と一体になった植民地化が進み、教区(町)を中心とした社会が形成された。多数の言語や島々で分かれた住民が、団結して植民地支配に抵抗することはあまりなかった。ナショナリズム運動を展開するにあたってまず問題となったのは、このように分断された人びとをどのようにしてフィリピン民族・国民としてまとめるかだった。

スペイン植民支配下のフィリピンを知るための史料の多くは、スペイン人の宣教師や官吏が書いたもので、彼らの記述から歴史や文化を共有する一体化した民族の存在は感じられない。しかし、すでに十七世紀後半には大半の低地の人びとがカトリックに改宗し、スペインによる植民地化は言語や地理的な障害をこえて共通の信仰をもつ低地キリスト教徒▲社会を形成していた。フィリピン民族、国民という考えは、この低地キリスト教徒社会のなかで、生まれることになった。

ナショナリズムの夜明け

　十九世紀をつうじて本国スペインは、政治的に不安定な状況が続いた。ナポレオンの侵略にたいしてスペイン独立戦争▲（一八〇八～一四年）を展開し、近代憲法を制定した。そのようななか、スペイン植民支配下の中南米で独立運動が活発になり、一八二一年にメキシコが独立▲したのをはじめ、つぎつぎに独立していった。また、本国では一八七三～七四年にはじめて共和政が施行されたのち、王政が復古し、政治犯としてフィリピンなどの植民地に追放された者がいた。このような本国や中南米の動きは、少なからずフィリピンに影響を与えた。

　経済的にも変化があらわれた。スペインは、植民地フィリピンの対外貿易を独占し、とくにマニラとメキシコのアカプルコを結ぶガレオン貿易▲で利益をあげていたが、海賊船や密貿易船の横行などのために一八一五年に廃止した。すでに、イギリス船のマニラ入港が増加しており、マニラは一八三四年に正式に

▼スペイン独立戦争　ナポレオンのスペイン侵略にたいする抵抗運動。一八〇八年ナポレオンは兄ジョセフをスペイン王に任命し、〇九年スペイン全土をほぼ掌握した。一八一三年にジョセフが退位、一四年にフランス軍は撤退した。

▼メキシコ独立　一八〇八年のフランス軍のスペイン侵攻を契機に、スペイン人と現地人とのあいだで対立が生じ、反スペイン闘争へと発展した。本国で自由主義的な憲法が承認されたのを背景に、一八二一年に独立を達成した。

▼ガレオン貿易　一五六五年から一八一五年までおこなわれた重商主義体制下の制限貿易。中国産の生糸・絹織物、インド産の綿布など東洋の物産をマニラで中継輸出し、メキシコなどの銀を輸入した。メキシコ銀は中国などで流通し、東アジア・東南アジアの経済に大きな影響を与えた。

▼アバカ　植物名アバカ。一般には、商品繊維名マニラ麻として知られる。

国際貿易港として開港した。開港後、マニラと地方都市を結ぶ沿岸貿易が発達し、アバカ(マニラ麻)、サトウキビなどの輸出用商品作物の栽培が盛んになった。一八五五年にイロイロ、サンボアンガ、スアル、六〇年にはセブも開港した。これらの商品はおもにイギリスやアメリカに輸出され、もっぱら工業製品とくに綿製品で占められた商品はイギリスとその植民地から輸入された。

一方、国内の流通は、はじめ地方での居住が許されていたカトリックに改宗した中国系メスティーソが担ったが、マニラ開港後に植民地政府が中国人移民を歓迎する政策に転じたため(一八五〇年中国人移民奨励法)、やがて中国人商人にとってかわられた。中国系メスティーソは、商品作物栽培の導入で資金を必要とした農民に、土地を担保に融資する高利貸し業に転じ、返済不能になった農地を集積し、大土地所有者になった。このほか、国王領の払い下げによるアシエンダ(大農園)がネグロス島などに出現し、ルソン島中南部のタガログ地方を中心に修道会領のアシエンダが発達した。これらのアシエンダでは、小作人や農業労働者によって商品作物が栽培され、後述のように(六一〜六二頁参照)農村社会の不安定要因になっていった。

▼中国系　南洋日本人町が形成されたころ、マニラには中国人町が形成されたが、その後何度か植民地政府によって弾圧された。現在、経済的に影響力をもつ者の祖の多くは、十九世紀半ば以降に移住してきた。

▼メスティーソ　混血の意で、一般にスペイン系を指した。本国生まれやフィリピン生まれのスペイン人社会にはいれず、原住民社会により近かった。スペイン系のほうが中国系より社会的地位は高かったが、人口は少なかった。

▼アシエンダ　スペイン植民地で発達した大土地所有・農園経営を指す。フィリピンでは十八世紀末から発展し、修道会領とスペイン人やスペイン系メスティーソ・中国系メスティーソの所有地に二分される。

▼修道会　フィリピンのカトリック化は、王の教会保護権にもとづき、スペイン系修道会が担当した。アウグスティノ会、フランシスコ会、ドミニコ会がルソン島を、イエズス会、レコレート会がビサヤ諸島とミンダナオ島を管轄した。

このような輸出経済の導入・開発は、フィリピンだけの現象ではなく、近代の世界各地でみられた。東南アジアでは、イギリスが一八一九年にシンガポールを根拠地とし、関税を課さない自由貿易港として発展させた。さらに、アヘン戦争▲（一八四〇〜四二年）、明治維新（一八六八年）をへて、東アジアでの貿易を拡大した。また、イギリスはマレー半島でスズ鉱山やゴム栽培の開発を進め、イギリス領マラヤを形成していった。オランダ領東インドでは、一八三〇年にジャワ島で栽培制度▲が始まり、コーヒーなどの輸出用作物の生産が盛んになった。さらに、スマトラ島、ジャワ島、ボルネオ島などに領域を拡大し、スズや石油などの鉱物資源の開発を進めた。

東南アジアでは、すでに地元の人びとや中国人によって鉱山や農園の開発が進められていたため、近代的な交通（蒸気船、鉄道など）・通信、金融、科学技術、軍隊などを整備しつつあった欧米・日本の恰好の標的となり、経済進出さらには植民地化が推し進められることになった。と同時に、近代的な啓蒙思想や人権思想を吸収した東南アジアの知識人を中心として、欧米・日本の侵出にたいして抵抗するナショナリズム運動が高揚することになった。

▼アヘン戦争　イギリスがインド産のアヘンを清国に密輸したことに端を発した侵略戦争。敗れた清国は、賠償金の支払いや外交権の侵害など、イギリスの要求を全面的に受け入れ、衰退へと向かった。イギリス領ビルマ（現ミャンマー）が重要なアヘン生産地となり、東南アジア各地の中国人社会にもアヘンが広まった。

▼栽培制度　オランダ領東インドで、財政再建のために導入された制度。村落に特定の作物（コーヒー、サトウキビ、藍など）の栽培を割り当て、決められた量を植民地政府が市場より安い指定価格で買い上げた。公式には政府管掌栽培といい、政府栽培あるいは栽培制度と通称された。制度の内容から日本で意訳された「強制栽培制度」は誤訳に近い。単一の制度ではなく、地方的制度の総称で、実態も地域差が大きかった。

●―**パシグ河口**（一八四二年）　一八三四年のマニラの正式開港によって、イギリス、アメリカの船の来航が増加し、賑わいをみせた。

●―**ビノンド運河周辺の賑わい**　パシグ河口から一歩はいると、中国人で賑わうビノンドに出る。運河周辺には倉庫が建ち並んだ。

ゴンブルサ事件

この時代まだ地域的にはかぎられていたが、商品作物栽培や大規模な鉱山開発などによって激変した農村では、伝統的社会が破壊され、窮乏化する農民の精神的拠り所として民間信仰が広まった。オランダ領東インドではイスラームと結びついて理想的王国の復活を希求する運動が活発化し、フィリピンではカトリックの貧しい農民らが天国への道を求めて、教会に対抗する独自の兄弟会を組織した。

一八四一年に蜂起し解体に追い込まれた聖ヨセフ兄弟会▲は、当初は祈りによる現世の幸せと死後の救霊を求めたにすぎなかったが、カトリック教会と政府の弾圧を受けて反植民地主義闘争へと転化した。

フィリピン人の日常的なカトリック信仰を支えていたのは、修道会に所属せず世俗の人びとにまじって単独で生活していた原住民在俗司祭▲であった。ところが、植民地政府は中南米の独立などの影響から、フィリピン統治の要であった教区主任司祭のポストに、本国から来航するスペイン人修道士を任用し、原住民在俗司祭を排除する政策をとった。

▼聖ヨセフ兄弟会　一八三二年に現在のケソン州で、アポリナリオ・デ・ラ・クルスによって組織された。スペイン人司祭が異端活動を糾弾し、兄弟会として正式に認可されなかった。一八四一年にデ・ラ・クルスは銃殺刑に処せられた。

▼在俗司祭　カトリックでは十六世紀半ば以来、教区の司牧活動は修道士ではなく、在俗司祭によっておこなわれることになった。しかし、フィリピンでは、在俗司祭が不足していたため、修道士が在俗司祭を務めた。

　これにたいして、原住民在俗司祭はフィリピン生まれのスペイン系メスティーソの在俗司祭と一体になって、人種差別によるものだと抗議運動を展開した。その背景には、ペニンスラールと呼ばれた本国生まれのスペイン人と、インスラールあるいはフィリピノと呼ばれたフィリピン生まれのスペイン人らとのあいだの反目があった。後者は、官吏登用などで差別を受けることが多く、その下のカテゴリーに位置づけられたスペイン系メスティーソ、中国系メスティーソ、インディオと呼ばれていた原住民と一体感をいだくようになっていた。フィリピノ（すなわちフィリピン人）という言葉は、しだいにフィリピンに生まれ育ち生活する者という意味で使われるようになっていった。

　スペイン系メスティーソと原住民の在俗司祭が一体となった抗議運動にたいして、植民地政府は一八七二年に大弾圧をおこなった。カビテ州の兵器廠で起こったフィリピン人兵士や労働者の暴動の黒幕として、抗議運動にかかわっていた在俗司祭らを逮捕し、絞首刑に処したのである。暴動は、それまで享受していた強制労働▲や貢税▲の免除特権が廃止されたことによるものだった。この暴動と処刑された司祭らとの関係ははっきりせず、植民地政府が弾圧の口実に使

▼**強制労働**　スペイン植民支配下の中南米でおこなわれていた夫役（ポロ制度）が、一五八〇年にフィリピンに導入された。十六〜六十歳の男性が年間四〇日間働かされた。

▼**貢税**　スペイン領植民地で一五二三年に確立した税制。フィリピンでは、マニラに拠点を築いた一五七一年に導入され、一八八四年に人頭税が導入されるまで続いた。

ったものと、今日では考えられている。

　フィリピン人は、処刑された司祭らを殉教者とみなし、指導的であった三人の司祭（ゴメス▲、ブルゴス▲、サモラ▲）の頭文字をとって「ゴンブルサ事件」と呼んで心に刻んだ。この事件は、のちの改革運動・革命運動の導火線になったとして、フィリピン史上、重要な画期とされている。植民地政府が弾圧を加えれば加えるほど、人びとは植民地支配に疑問をもつようになったのである。

プロパガンダ運動

　経済的な変化は、フィリピンを近代資本主義的経済のもとで従属的な地位に位置づけただけではなかった。欧米のフィリピン進出には地元の協力者が必要で、「協力者」となったスペイン系メスティーソ、中国系メスティーソなどは経済的にも豊かになり、子弟は教育を受ける機会をえて、聖職者、法律家、医師、教師、芸術家などの専門職につく人びとがあらわれた。有産・知識階層の出現であるが、彼らは決してスペイン人と同等にあつかわれることはなく差別を感じるようになった。

ゴンブルサ事件の「首謀者」の三人
左からゴメス、サモラ、ブルゴス。

▼マリアノ・ゴメス（一七九九～一八七二）　マニラ生まれで中国系。カビテ州バコオル教区の主任司祭。

▼ホセ・ブルゴス（一八三七～七二）　ビガン生まれ。スペイン軍人を父にもつ。マニラ大聖堂教区の司祭。

▼ハシント・サモラ（一八三五～七二）　マニラ生まれ。マニラ大聖堂教区の司祭。

●—**プロパガンダ運動の担い手たち**　スペインのマドリードに亡命・留学した有産階級の子弟。

●—**プロパガンダ運動の「輝ける」三人**　左からリサール(一七頁参照)、デル・ピラール(一六頁参照)、ポンセ。マリアノ・ポンセは、一八九八年にアギナルド(一五頁参照)の特使として日本に派遣され、武器調達をはかるが、失敗した。

●—**イダルゴ**(一六頁参照)**のパリのアトリエ**

そのような彼らのなかから起こった言論活動による植民地体制にたいする改革運動・啓蒙運動であるプロパガンダ運動は、まずマニラとその周辺を中心としていた。当時の最高学府サント・トマス大学を卒業したデル・ピラールらは、コレヒオ（学院）卒業者を中核とする町役人層（プリンシパリーア）の支援を受けて運動を始めた。しかし、植民地政府の厳しい監視から一八八八年末に運動はゆきづまり、デル・ピラールはスペインへの逃亡をよぎなくされ、その活動の舞台はマドリードに移った。

当時、スペインなどヨーロッパ各地には、一八八〇年代になって増加したフィリピン人留学生がいた。彼らは、文化活動で高い評価をえていた。画家では、一八八四年にマドリードでおこなわれたコンテストで、ルナが金賞、イダルゴが銀賞を受賞するなど、ヨーロッパ各地の展覧会で注目を集めた。文学では、リサールらがスペイン語で長編小説を書いた。リサールは、一八八七年にスペインとカトリック修道会の圧政と腐敗をリアルに描いた『ノリ・メ・タンヘレ』（われにふれるな）を出版していちやく有名になり、九二年にさらに急進的な内容の『エル・フィリブステリスモ』（反逆）を出版した。

▼サント・トマス大学　一六一一年に創立のアジアで最古の大学。一六一九年から学士号、修士号、博士号などの授与権をもつ。フィリピン最古の出版社である大学出版局もある。卒業生にリサールのほか、ケソン、オスメニャなど（四五頁参照）の大統領がいる。

▼マルセロ・デル・ピラール（一八五〇〜九六）　マニラの北に隣接するブラカン州生まれ。植民地改革運動を展開するが、スペインに逃れ、一八八九年に機関紙『ラ・ソリダリダド』の二代目編集長となる。

▼ファン・ルナ（一八五七〜九九）　北イロコス州生まれ。一八七七年にスペインにわたり、美術学校で学ぶ。パリのアトリエは、プロパガンダ運動の集会所となる。一八九四年に帰国するが投獄され、香港で死亡した。

▼フェリクス・イダルゴ（一八五三〜一九一三）　マニラのビノンド生まれ。一八七九年にスペインへ官費留学。欧米のコンテストで入賞。パリで画廊を開き、ヨーロッパを生活の本拠とした。

▼**ホセ・リサール**(一八六一〜九六)
フィリピン第一の国民的英雄。医師、作家、歴史家、芸術家など数多くの肩書きをもつ。世界各地に足跡を残し、作品は日本語を含む多くの言葉に翻訳された。

このようにヨーロッパ世界で高い評価をえたフィリピン人は、近代国家を形成し、自治できる自信と希望をもった。彼らのスペイン政府に改革を求める運動は、一八八九年から半月ごとにスペインで発行された機関紙『ラ・ソリダリダド』(団結)を中心におこなわれ、フィリピンに密輸されて、民族意識の覚醒に貢献した。しかし、本国のスペイン政府にたいしては現実的な効果がなく、フィリピンの支援者も減って一八九五年に『ラ・ソリダリダド』は廃刊された。リサールは、一八九六年八月に勃発したフィリピン革命の「首謀者」として逮捕され、同年十二月三十日に処刑された。デル・ピラールらプロパガンダ運動を担ったほかの人びとも、あいついで死亡し、プロパガンダ運動は終焉した。

リサール

プロパガンダ運動の終焉にいたるまでのフィリピンのナショナリズム運動については、リサールの生涯をとおして語るのがわかりやすいだろう。リサールは、一八六一年六月十九日にマニラの南南東五二キロ、バイ湖の南岸ラグナ州カランバ町で、中国系の両親(母親はスペイン系でもある)のあいだに生まれた。

難産のすえ生まれたリサールは、幼少期虚弱体質ながらも、カランバ周辺の豊かな自然や物語の空想的世界のなかで、感受性豊かに育った。父はドミニコ会の所領であるカランバ農園に入植して、しだいに借地面積を広げ、町の有力者になっていった。母も製粉所や雑貨店などを経営していた。母や母方のおじたちは教養深く、リサールの向学心に大きな影響を与えた。リサールは、幼少のころから非凡さを発揮し、学校の成績だけでなく、絵画、彫刻、詩歌と芸術的な才能を開花させた。

十一歳でマニラのアテネオ学院▲(イエズス会経営)に入学し、十五歳で首席で卒業したリサールは、サント・トマス大学(ドミニコ会経営)に進学した。そのとき、猛反対したのが母であった。フィリピン人の政治的活動が激しくなるなか、高度な教育が息子の命取りになることを、本能的に予知していたようだった。大学に入学してからも、詩で賞をとるなど、その才能を発揮したが、やがてスペイン人との民族的差別、植民地政府による不正、フィリピン人としての祖国愛などに目覚め、二十歳の一八八二年五月に、「フィリピンの悪しき状態を暴き、改革を求める言論活動」をおこなうために、スペインへ旅立った。ス

▼**アテネオ学院**　一八五九年にスペイン総督府が小学校を設立し、その運営をイエズス会に委嘱した。イエズス会が一九〇二年に設立したアテネオ・デ・マニラ大学は、フィリピン有数の私立大学となった。

パリ時代のリサール　中央でカーペットの上に座っている。

ペインへの留学を用意したのは、リサールの唯一の男兄弟で十歳違いの兄のパシアノだった。スペインでの三年間ののち、パリ、ベルリンなどヨーロッパ各地を転々とした。その間に、一流の眼科医となるとともに、民族主義者リサールが誕生していた。

少年リサールに、社会の矛盾を気づかせる事件が二つ起こった。一つは、一八七一年初めに母が逮捕されたことだった。親戚の痴話げんかに巻き込まれた母は、二年半のあいだ投獄された。そこには、スペイン人に媚びへつらわないリサール家への見せしめの意味があった。また、母の投獄中に、兄がゴンブルサ事件に巻き込まれた。兄は、絞首刑に処された三人の司祭の一人、ブルゴス神父と活動をともにしていた。

もう一つの事件は、リサールが十八歳のときに起こった。カランバで暗がりのスペイン人に気づかず、帽子をとらなかったために、鞭でこっぴどく打たれたのである。その後も、マニラでスペイン人学生との衝突を繰り返した。祖国フィリピンを意識しはじめたリサールにとって、スペイン人学生の民族的差別はもはやがまんならないことだった。絶えず身体を鍛えていたリサールは、も

『ノリ・メ・タンヘレ』の表紙

『エル・フィリブステリスモ』のタイトルページ

はやひ弱な少年ではなかった。

スペインに留学したリサールは、マドリード中央大学で医学ならびに哲学・古典文学を学ぶなかで、多くの留学生、亡命者に出会った。彼らとの交流をとおして、リサールはスペイン人と対等の権利をめざすプロパガンダ運動のリーダーの一人に成長していった。また、スペインでのリサールは、カトリック信仰への見方を変えていった。宗教的に自由な雰囲気のあるスペインで、祖国フィリピンの修道会がいかに腐敗しているかがわかったのである。そのとき、故郷カランバでは、土地所有者であるドミニコ会の重税に住民はあえぎ、訴えたリサール家などが弾圧される事件が起こっていた。父は、一八九一年に流刑を宣告された。

リサールにとって、プロパガンダ運動と修道会の腐敗は切り離すことができなくなっていた。そして、この両者を結実させたのが、政治小説『ノリ・メ・タンヘレ』と『エル・フィリブステリスモ』であった。ともにスペイン語で書かれ、植民地フィリピンの現状をスペイン人およびフィリピン人知識人層に訴えた。換言すれば、リサールの思想は、スペイン語の読めないフィリピン民衆

『ノリ・メ・タンヘレ』の登場人物
ルナが描いたヒロインのマリア・クララ(右)と村人(左)。

には直接およばなかった。だが、その思想は、口伝えに広範囲に広まっていった。

『ノリ・メ・タンヘレ』は、ベルリンで発行された。ヨーロッパ留学から帰国した主人公イバッラは、社会改革に乗り出そうとするが、さまざまな邪魔がはいる。やがて、その根本的原因が、留学中に殺害された父やさまざまな理由で犠牲となった民衆と同じ、修道会支配の植民地社会であることに気づく。故郷カランバを思わせる豊かな自然と純朴な民衆にたいして、ご都合主義のブルジョワ階級、傲慢なスペイン人官吏、偽善的なスペイン人修道士が辛辣に描かれている。

続編『エル・フィリブステリスモ』は、ベルギーのヘント(ゲント)で発行された。宝石商シモウンに姿を変えたイバッラは、より急進的になり二度にわたって革命を起こそうとするが、ともに失敗する。『ノリ・メ・タンヘレ』で、充分な準備とはっきりした意識がないと、どんな企ても失敗すると訴えたのにたいして、続編では失敗をかえりみず、果敢に革命を起こそうとする姿が描かれている。

リサールの処刑（一八九六年十二月三十日）　フィリピンという国家、国民を考えた最初の「フィリピン人」としてのリサールの影響力は大きい。

現実のリサールも、プロパガンダ運動に限界を感じるようになった。一八八七年にいったん帰国したリサールは、修道会などの強い反発を受けて、身に危険がおよび、半年後に出国せざるをえなくなった。一八九二年六月に決死の覚悟でふたたび帰国し、七月に相互扶助的色彩の濃い秘密結社フィリピン同盟▲を設立したが、その数日後に逮捕され、ミンダナオ島北岸のダピタンに流刑された。その後、リサールは運動への熱意を失ったともいわれる。一八九六年に独立戦争中のキューバでスペイン側の従軍医師として働くことを志願したが、フィリピン革命が勃発し、渡航途中の船上で逮捕され、マニラに送還された。そして、反乱の首謀者として十二月三十日、銃殺刑に処せられた。

リサールは、処刑の前夜、独房で、のちに「最後の別れ」と題された詩を書き、遺品のランプの底にかくして妹に託した。「さようなら、敬愛する祖国、愛でられし太陽の土地　オリエントの海の真珠、われらの失われし楽園」で始まり、切々と「祖国」を詠い、「国民」に訴えかけた。そして、死の演出として、大空をあおぎみて大地に倒れるため銃口に対面して立ちたいと申し出た。この願いは聞き入れられなかったが、頭ではなく腰を撃つ願いは聞き入れられ

▼フィリピン同盟　一八九二年にリサールによって設立された市民団体。政治団体として危険視され、数日後にリサールは逮捕され、ミンダナオ島に流刑。同盟は数カ月間存続したにすぎないが、ボニファシオ(二四頁参照)ら会員は革命運動へ発展させた。

リサール殉死野外劇場　マニラのリサール公園内に、銃殺された瞬間が再現されている。

た。身体を反転させて仰向けに倒れるためだった。

この詩と死の演出は、リサールを「神」にするに充分だった。リサールの「祖国」「国民」にたいする殉死は、革命に油をそそぐことになった。そして、今日までリサールを教祖とし、著作を聖典とする民間信仰が根強く残っている。国も一九五六年に「リサール法」を制定し、すべての学校でリサールの生涯、著作を教えることを義務づけた。全国各地の公園の中央には、リサール像が建っている。フィリピン人にとって、リサールは第一の国民的英雄以上の存在になった。

②―未完のフィリピン革命

カティプナン

　武力による独立をめざすフィリピン革命は、リサールの志を継いだ秘密結社カティプナン（人民の息子らのもっとも気高く、もっとも尊敬すべき結社）によって開始された。カティプナンは、一八九二年にリサールが逮捕された直後にマニラの中国人街ビノンドで結成された。結成時は、プロパガンダ運動に無力を感じていた知識層が中心であったが、やがて新たに出現した都市事務労働者を代表する急進派のボニファシオ▲らが主導権を握り、独立とともに階級間格差の是正をめざした。カティプナンの活動は一八九六年八月に官憲に知られ、三十日にマニラ市郊外サン・ファン・デル・モンテの蜂起▲で、独立戦争は始まった。当初、闘いはマニラおよびその周辺のタガログ諸州、なかでもカビテ州が中心であった。これらの州では、カティプナンの地方組織が中心となって義勇軍が組織され、ゲリラ戦を展開した。

　有産・知識層から急進派の都市事務労働者に主導権が移ったことは画期的な

▼アンドレス・ボニファシオ（一八六三〜九七）　革命を開始した秘密結社カティプナンの第三代総裁。都市事務労働者出身で、「偉大なる平民」と呼ばれたが、アギナルドとの主導権争いに敗れ、銃殺刑に処せられた。

▼サン・ファン・デル・モンテの蜂起　ボニファシオらに率いられたカティプナンの一隊は、同地のスペイン軍弾薬庫を襲撃したが、多数の死傷者を出して敗退した。

ことであったが、組織が拡大するにつれて地方の有産階級を含むようになり、やがて資金力・民衆動員力にまさった有産階級が主導権を握るようになった。地方では、農民層は地主のもとで革命運動に参加した。

地方の有産階級への主導権の移動は、一八九七年三月に開催されたテヘロス会議▲で決定的になった。主導権を握ったアギナルド▲らによって、ボニファシオは革命政府の一閣僚の地位さえ否認された。革命軍兵士の再編成を企てたボニファシオは、大統領に選出されたアギナルドによって、同年五月十日に反逆罪の名で処刑された。

ボニファシオの粛正後、カビテ州の革命軍は植民地政府軍の総反撃を受けて敗退し、一八九七年七月にブラカン州ビヤックナバトの山中に移動し、司令部をおいた。スペインにたいしても分離独立ではなく、スペイン議会に代表を送る権利を要求するなど、改革路線に転換していった。そして、同年十一月には、一八九五年制定のキューバ憲法を模した憲法を制定し、ビヤックナバト共和国が成立した。

その後、戦闘は一進一退し、一八九七年十二月十五日に休戦協定を結んだ。

▼テヘロス会議　カビテ州のカティプナン内部の争いを調停するために開かれたが、革命運動全体の主導権争いに転じた。

▼エミリオ・アギナルド（一八六九〜一九六四）　カビテ州生まれ。一八九七年テヘロス会議で主導権を握って以来、革命軍を率いた。アメリカ軍に降伏後、アメリカに忠誠を誓った。一九三五年の大統領選挙に立候補したが落選。日本占領中は、日本軍に協力した。

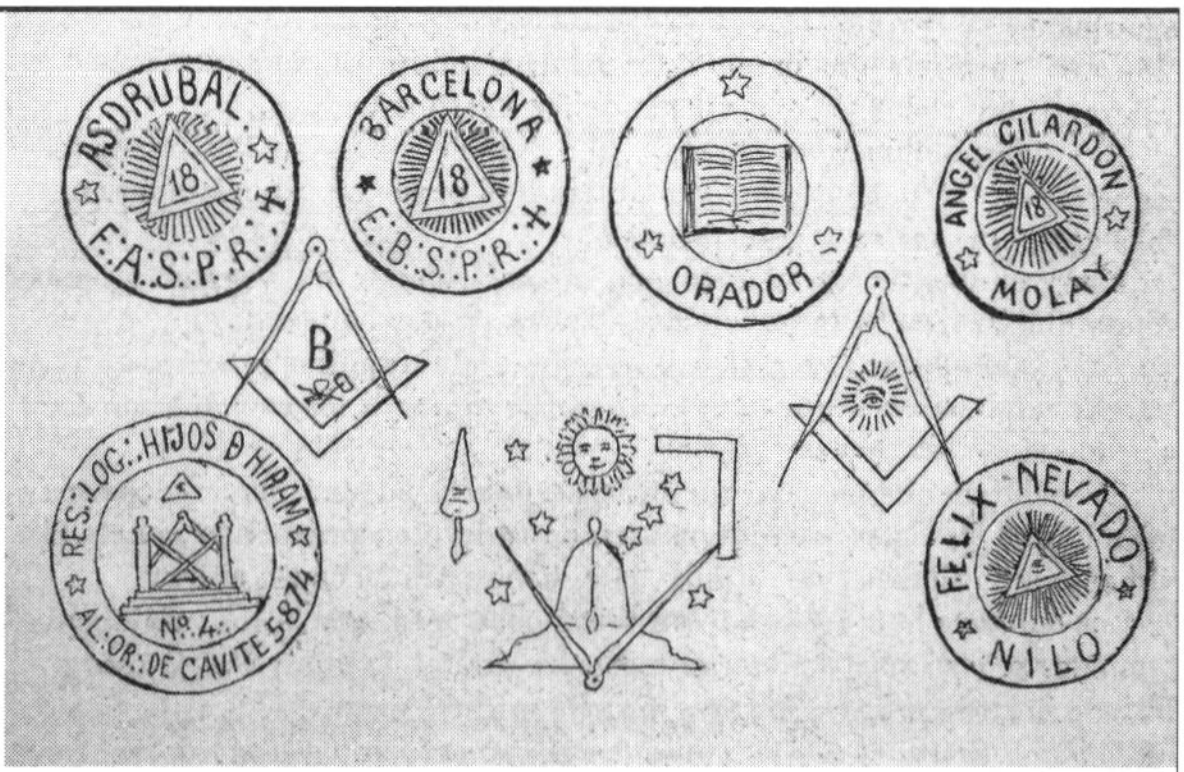

●—**カティプナンなどが用いた印章**　フリーメイソンの強い影響がみられる。「自由、平等、博愛」をスローガンに掲げた国際的秘密結社であるフリーメイソンへの参加を、カトリック教会は禁止したが、多くの革命の志士が加盟した。その後も、多くのフィリピンの要人が参加したことから、フィリピン近現代史のなかで無視できない存在となった。

●—**フリーメイソンの正装をしたアギナルド**

●—**首都圏マニラのモニュメント地区に建つボニファシオを中心にした記念碑**

サン・フアン・デル・モンテの蜂起記念碑

内部分裂したカビテ州のカティプナン　カビテ州では、ボニファシオの義理のおじを指導者とするマグディワン派とアギナルドを実質的な指導者とするマグダロ派が、ともにスペイン軍との戦闘に勝利して勢力を拡大した。カビテ州の臨時政府樹立をめぐって両者は対立を深め、調停のためにボニファシオをまねいた。

香港に亡命したアギナルドら革命軍　十九世紀後半の香港は、フィリピンの改革運動・革命運動の支援基地となっていた。「亡命政府」にたいして、アメリカや日本が工作活動を展開した。

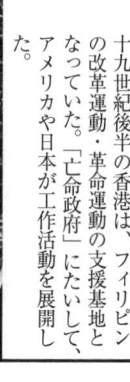

スペイン側の総額一七〇万ペソの支払いと引き替えに武器を引き渡し、アギナルドらは自発的に香港に亡命した。しかし、アギナルドがルソン島各地でスペイン軍と戦っていた勢力のすべてを掌握していたわけではなかったため、アギナルドが発した停戦と武器引き渡しの布告にもかかわらず、愛国的な民衆は独立のための戦いを続けた。

マロロス共和国の成立

挫折したかにみえたアギナルドを中心とするフィリピン革命は、一八九八年四月にキューバで勃発したアメリカとスペインとの戦争（アメリカ・スペイン戦争▲）によって、新たな展開をみせた。アメリカ艦隊は五月一日にマニラ湾でスペイン艦隊を撃破し、十九日に香港に亡命していたアギナルドはアメリカの軍艦で帰国した。二十一日に戦闘を再開したアギナルドは、二十四日に独立政府を樹立し、六月十二日に独立を宣言した▲。このころ、すでに革命軍はマニラと植民地政府の海軍基地があったカビテ港を除いてルソン島中部をほぼ掌握していた。

アギナルドの独立宣言（一八九八年六月十二日）　カビテ州カウィット町のこの自宅バルコニーから、独立を宣言した。現在、博物館になっている。

▼アメリカ・スペイン戦争　一八九八年、キューバの独立運動を支持してアメリカがスペインに宣戦した。四カ月で勝利したアメリカは、プエルトリコ、フィリピン、グアムを領有、キューバを保護国とした。

▼独立宣言　一九四六年に独立したフィリピンは、当初アメリカと同じ七月四日を独立記念日としたが、今日では一八九八年六月十二日の独立宣言にもとづいて六月十二日を独立記念日としている。

▼**パリ条約**　一八九八年十二月十日にアメリカ–スペイン間で調印された講和条約。アメリカ議会はフィリピン人に不公正であるとして反対したが、フィリピン・アメリカ戦争が勃発したため批准した。

革命議会が開かれたバラソアイン教会　一八九八年九月十五日に革命議会が召集され、九九年一月二十一日に憲法が公布された。一〇ペソ紙幣の表はマビニ(のちにアギナルドが加わる)、裏はこの教会だった。

フィリピンの独立革命は、達成されようとしていた。しかし、秘密裏にアメリカとスペインの交渉が始まり、平和条約議定書に調印した翌日の一八九八年八月十三日に偽装の戦闘がおこなわれ、翌十四日スペイン軍は正式にアメリカ軍に降伏した。そして、同年十二月十日にフィリピン側になんの相談もなく、アメリカ–スペイン間でパリ▲条約が締結され、アメリカは二〇〇〇万ドルの支払いと一〇年間の貿易特恵を与えることを条件に、スペインからフィリピンを譲渡された。同月二十一日、マッキンレー大統領は、フィリピンで改竄した「友愛的同化宣言」を発表して、植民地の領有を正当化した。これにたいして、革命政府は翌一八九九年一月二十一日に憲法を公布し、マロロス共和国を樹立した。

マロロス共和国の成立までに、革命政府は一八九八年七月に内閣を組織し、九月に革命議会を開設して、近代的な政治体制を整えていた。また、地方を解放し、地方政府の組織化を進めた。一八九九年初めには、ルソン島、ビサヤ諸島の解放がほぼ完了し、スペイン植民地支配は実質的にフィリピン人の手で解体された。その総仕上げとして、憲法制定があった。

バラソアイン教会の内部

グレゴリオ・アグリパイ(一八六〇～一九四〇)　フィリピン独立教会の初代大司教。反米民族運動にも積極的にかかわり、一九三五年の大統領選挙に出馬し、落選した。

一八九八年九月十五日、革命議会開催のためにブラカン州マロロス町のバラソアイン教会に召集された全国各州の代表議員は、二〇〇人近くにのぼった。その大半は、弁護士、医師、実業家、農業経営者など、フィリピンの有産・知識層で占められていた。ボニファシオの処刑後、革命の担い手は大きく様変わりしていた。

この革命議会の最重要課題であった憲法草案が上程されたとき、最大の論争点になったのが、カトリックを国教にするかどうかだった。激しい論争のすえ、わずか一票差で「政教分離」が修正規定された。このことは、いかにスペイン修道会の圧政にフィリピン人が苦しめられたかを物語っていた。また、革命勢力のブレイン、従軍司祭として、いかにフィリピン人在俗司祭の影響力があったかがわかる。彼らは引き続き聖職者内部の人種差別の廃止を追求し、一九〇二年八月にローマ教皇庁から独立したフィリピン独立教会▲を設立した。

三権分立主義に立ったマロロス憲法公布二日後の一八九九年一月二十三日、マロロス町でフィリピン共和国(マロロス共和国)成立の式典が挙行された。そこには、六〇〇〇人の兵隊の軍事パレードをみつめる、マニラおよび周辺諸州

▼フィリピン独立教会　一九〇二年にローマ・カトリック教会から分離して設立。初代大司教がアグリパイであったことから、アグリパイ派教会とも呼ばれる。民族主義の影響が強く、修道会領があった地域で伸張したが、しだいに衰退した。

マロロス共和国成立（一八九九年一月二十三日）　軍事パレードをみつめる民衆。

から集まった数千人の民衆の姿があった。革命政権は、政府公報を発行してフィリピン人にその理想を鼓吹し、全世界に向けて独立の正当性を訴えた。そして、アメリカ、日本、イギリス、フランスなどに外交特使を送って、独立の承認を求めた。このように、革命政府は自治能力があることを内外に示した。にもかかわらず、アメリカはそれを認めようとしなかった。

フィリピン・アメリカ戦争

マロロス共和国成立後、フィリピン―アメリカ間の緊張は高まり、一八九九年二月四日アメリカ軍からの発砲事件が起こり、翌日革命軍はアメリカ軍と戦闘状態にあることを認めた。革命軍は、近代的な武器、訓練・規律ある兵力でまさるアメリカ軍に圧倒され、三月三十一日にマロロスが陥落し、司令部はルソン島山岳地帯を転々としてゲリラ戦を展開した。

戦争は長期化し、困難になるとともに、アメリカ軍によるフィリピン人非戦闘員の虐殺事件があいつぐようになった。劣勢になったアギナルドはアメリカの自治権付与の提案に興味を示すなど、ふたたび日和見的態度をとった。一九〇一年三月二十三日、アギナルドはルソン島北東部のイサベラ州で逮捕され、四月一日アメリカへの忠誠を誓った。同月十九日、アギナルドは革命軍全軍にたいして降伏を勧告したが、各地でそれに従わない者が続出した。サマル島ではルクバン将軍、ルソン島バタンガス地方ではマルバル将軍がゲリラ戦を続け、一九〇二年に投降するまで地域住民の支持をえた。同年七月四日、セオドア・ローズヴェルト大統領は「平定宣言」を発表したが、それは現実とは異なっていた。

　アメリカによる「平定宣言」後も、一九一〇年代初めまで局地的、断続的に戦闘がおこなわれた。例えばルソン島ではサカイ▲が一九〇二～〇六年にゲリラ活動を展開し、タガログ共和国を樹立した。また、中部ルソン地方でサルバドル▲、ネグロス島でパパ・イシオ▲などにより、宗教と結びついたかたちで反植民地的抵抗が続いた。

　一方、アメリカに媚びを売るエリート層は、早くも一九〇〇年十二月二十三日に連邦党を結成し、フィリピンをアメリカの一州にすることを提唱した。アメリカの庇護のもと、連邦党は一時勢力を拡大したが、一九〇七年の議会選挙

▼マカリオ・サカイ（一八七〇～一九〇七）　マニラの下町トンド生まれ。フリアン・モンタラン、コルネリオ・フェリサルドらとともに、タガログ共和国を樹立、大統領となる。騙されて逮捕され、山賊行為法で絞首刑に処せられた。

▼フェリペ・サルバドル（一八七六～一九一〇）　別名アポ・イペ。ブラカン州生まれ、スペイン人修道士を父とするといわれる。サンタ・イグレシア（聖教会）を組織し、宗教活動とともにゲリラ活動を展開した。

▼パパ・イシオ（?～一九〇七）　本名ディオニシオ・マグブエラス。ネグロス島でアメリカ側に寝返ったエリート層にたいして、サトウキビ農園労働者の支持をえて抵抗運動を展開した。

●──**アメリカ軍のルソン島侵攻**(一八九九〜一九〇一年)

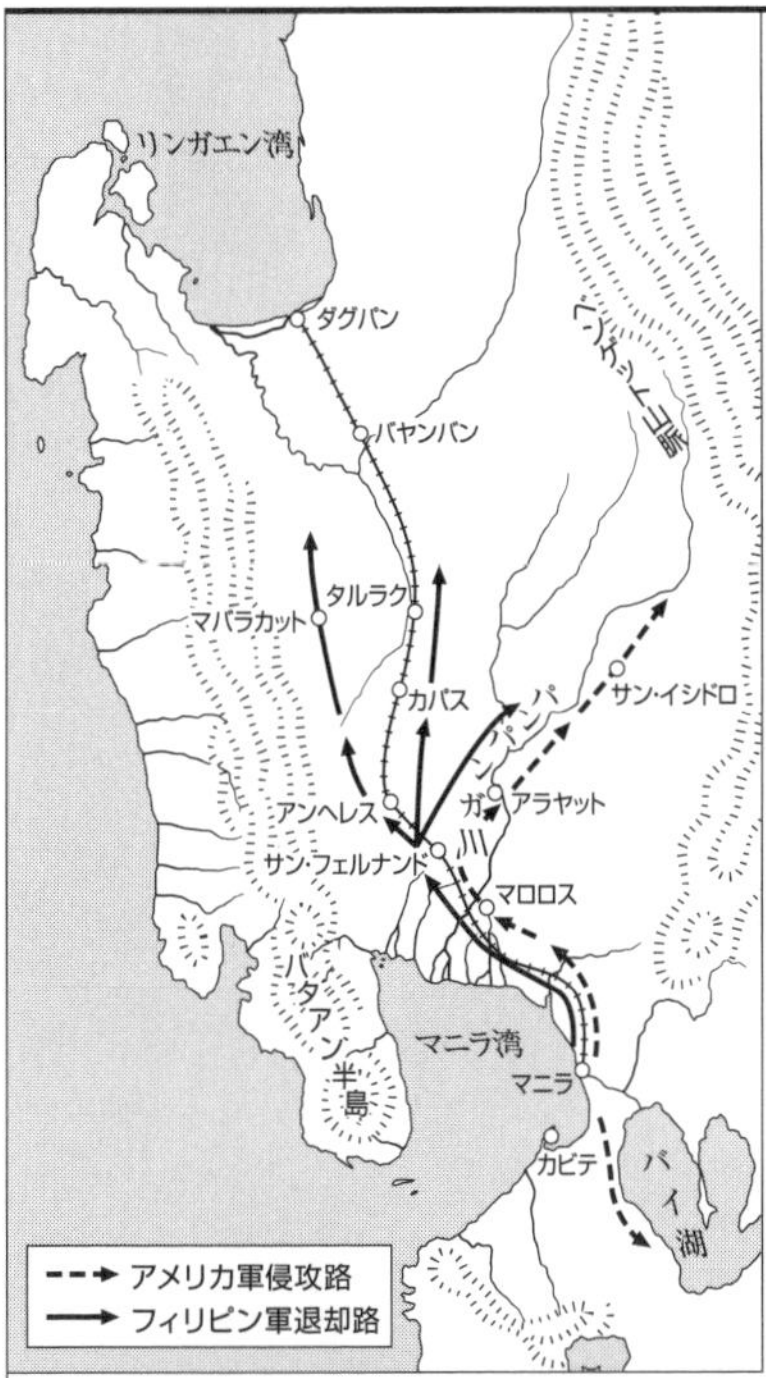

●──**パパ・イシオの反米運動**　パパ・イシオ(写真中の番号1)は、一九〇七年八月六日にネグロス島で逮捕された。

メシア運動の旗　革命後の運動では、リサールら革命運動の英雄がシンボル的存在となった。

マカリオ・サカイ　前列右から二人目。

以後衰退し、改名、合併後、三二年に解党した。その後も、フィリピンをアメリカの一州にすることや保護国にすることを主張する「連邦党」と名乗るグループがおり、大統領選挙などに候補者を立てた。

フィリピン革命で唱えられた階級間格差の是正や貧富の差の解消などは未解決どころか、アメリカ植民地期にさらに拡大することになった。また、フィリピン・アメリカ戦争は、アメリカにとってはじめての対外戦争であり、アメリカの予想に反して多くの犠牲を出す困難な戦争となった。アメリカとアジアの国ぐにとの戦争の先駆けであり、のちの日本、朝鮮、ベトナム、イラクなどとの戦争につうじるものがある。

三人のリーダーと民衆史観

フィリピン革命期を代表するフィリピン人として、リサール、ボニファシオ、アギナルドの三人をあげることに異論のあるフィリピン史研究者はいないだろう。それぞれが違う階層を代表し、改革運動・革命運動に貢献したが、それぞれに限界があった。

マドリードのリサール像　マニラのリサール公園に一九一二年に建てられた高さ約一五メートルの記念像より少し小さいが、ほぼ同じかたちをしている。

リサールは、政治小説をスペイン語で書いてスペイン植民支配下のフィリピンの実情を訴えたが、その対象はスペイン語を理解するフィリピン人エリートやフィリピンに同情的なスペイン人啓蒙家たちだった。リサールがマドリードで暮らした建物、仲間と飲んだバル（バー）、投宿したホテルを見ると、庶民とはほど遠い生活であったことがわかる。リサールは、第三の政治小説をタガログ語で書き、庶民に訴えかけるつもりであったともいわれているが、実現しなかった理由もこのあたりにありそうだ。また、リサールのいう「祖国」は、マニラ近郊のバイ湖畔の故郷カランバとかさなっていた。そのため、リサールは故郷カランバの人びとを率いて、ボルネオ島に移住する計画まで立てた。

ボニファシオは、膨張し都市化するマニラの新しい階級であった事務労働者を代表していた。ボニファシオは、一八六三年にマニラの下町トンドで、仕立屋の長子として生まれ、十四歳で両親を亡くした。やがて、書記としての才能を認められ、イギリス系やドイツ系商会の事務員となり、独学でスペイン語をマスターして、ヨーロッパの自由主義思想を学んだ。プロパガンダ運動にも参加したが、知識人中心の言論活動に無力さを感じて、武力革命をめざすようになった。都市の秘密結社として一八九二年七月に結成されたカティプナンに当初から参加し、九五年に第三代総裁になった。

組織が拡大し、革命が現実味をおびてくると、カティプナンには地方の有産階級の参加があいついだ。ボニファシオらにとっても、革命の成功のためには有産階級のもつ資金力と民衆動員力が必要だった。すでにカビテ州ではアギナルドを中心に一大勢力ができあがって、無視できない存在になっていた。ここにカティプナンの所期の目的の一つであった階級間格差の是正は有名無実になった。革命がタガログ語を話すマニラ周辺の八州に広がり、革命政府樹立の可能性がでてきたとき、もはや革命勢力の中心はアギナルドら地方の有産階級の手に移っていた。「正当なるフィリピン革命の父」「偉大なる平民」ボニファシオは、教養も資金も民衆動員力もない無用の存在とみなされるようになっていた。

「もっとも偉大な国民的英雄」リサールは知識層を代表し、祖国フィリピンの現状を憂え、改革そして独立をめざした。リサールにつぐ「第二の国民的英雄」ボニファシオは民衆を代表し、祖国の解放と階級間格差の是正をめざした。

▼アポリナリオ・マビニ（一八六四～一九〇三）　バタンガス州で貧農の子として生まれる。「フィリピン革命の頭脳」と称され、マロロス制憲議会で憲法を起草したが、有産階級層に拒まれた。

▼アントニオ・ルナ（一八六八～九九）　画家のフアン・ルナの弟。マドリード中央大学で薬学博士号を取得。『ラ・ソリダリダド』に多くの随筆を執筆した。フィリピン共和国軍の初代将軍を務めた。

ともにフィリピンという祖国の建設を考え、無私の情熱をもっていた。それにたいし、アギナルドは地方の有産階級という利益集団を代表した。失うことを恐れたとき、アギナルド一派は妥協的選択を選ぶことになった。

アギナルドは、一八六九年三月二十二日マニラの南西一三キロの軍港都市カビテの南、現在のカウィット町の町長の家柄に生まれ、自らも九五年一月に若くして町長になった。当時のフィリピンで、町長はフィリピン人にとっての行政上の最高位だった。アギナルドは同年三月にカティプナンに加入し、カビテ州の革命指導者になった。そして、一八九六年八月三十日に革命が勃発するとカビテ州を解放し、いちやく英雄になった。しかし、アギナルドは劣勢になると、日和見的な態度をとり、国全体の利益に反する言動をとった。反対した貧農出身のマビニ▲首相兼外務長官は解任され、ルナ▲軍最高司令官は暗殺された。有産階級の日和見主義者が実権を握った革命は、ここに崩壊した。

フィリピン革命失敗後のフィリピンでは、アギナルドのような機会主義的有産階級が実権を握り、アメリカの植民地支配に協力していった。そして、その影響は今日まで引き続いている。

このように強いリーダーシップを欠いた革命運動は、アメリカの近代的な武力の前に敗退していったが、アメリカの「平定宣言」後も民衆運動が続いた背景には、広く民衆のあいだで愛唱されていたキリスト受難詩▲が、変化を志向する運動の文化的枠組みを築いていたことがあった。ボニファシオらカティプナンの指導者は、プロパガンダ運動が到達した革命という命題を、民衆の世界観たるフォーク・カトリシズム▲の構造のなかに位置づけていた。『キリスト受難詩と革命』の出版でフィリピンを代表する歴史研究者となったイレート▲は、このキリスト受難詩などを分析することによって、大衆の思考のなかのかくされた民衆運動の伝統を見出した。そして、植民地文書を民衆運動の視点で読み解き、「狂信者」「山賊」などと記された人びとを評価しなおした。

『キリスト受難詩と革命』は、一九六七年に起こったラピアン・マラヤ事件で始まる。ラピアン・マラヤ(自由の結社)と呼ばれる宗教政治結社の会員数百人が、マニラの大通りで国家警察軍と衝突し、多数の死者を出した。この結社は、指導者を「至高者」と呼ぶなど、明らかにカティプナンとの繋がりをもっていた。アメリカの植民地期に、教育や政治の場で語ることを抑圧されていた

▼キリスト受難詩　フィリピンのキリスト受難詩は、キリストの受難の生涯を中心に天地創造から黙示録の世界までを五行詩形式でつづった叙事詩で、パションと呼ばれる。イースター(復活祭)前の四旬節、とくに聖週間にカトリック教徒によって詠唱される。

▼フォーク・カトリシズム　フィリピンでは、アニミズムとカトリシズムとが重層したシンクレティックな宗教体系がみられる。

▼レイナルド・イレート(一九四六〜　)　一九七九年に出版された『キリスト受難詩と革命——一八四〇〜一九一〇年のフィリピン民衆運動』(日本語訳、法政大学出版局、二〇〇五年)でフィリピンを代表する歴史家となる。

革命の意味が、こうした宗教政治組織のなかで脈々と語り継がれていたのである。また、一九六〇年代に盛んになる学生・労働運動も、八六年のマルコス政権▲を崩壊させた「二月革命」時のピープル・パワーも、「未完のフィリピン革命」をいかにして成就させるかが課題となった。

カトリック内部の在俗司祭の権利擁護運動に始まった改革運動・革命運動は、カトリック教会と修道会に支えられたスペイン植民支配のさまざまな政治的・経済的・社会的問題を明らかにした。しかし、すでにカトリシズムは民衆の日々の生活の拠り所となっており、民衆はキリスト受難詩で語られる世界を参照枠組みとする革命思想を受け入れて、反植民地闘争に加わった。この革命をめぐる民衆の世界観は、今日までフィリピン人に語り継がれ、政治を動かす潜在的な原動力となっている。

▼**フェルディナンド・マルコス**（一九一七〜八九）　一九六五年に大統領に当選。一九七二年に戒厳令を宣言して、独裁体制を敷く。一九八六年にハワイに亡命し、八九年に死亡。

③—近代植民地国家の形成

アメリカの植民地統治

フィリピン史では、スペインはカトリックを、アメリカは公教育をもたらした、とよくいわれるが、換言すれば、スペインはヨーロッパの中世的世界を、アメリカは近代的世界をもたらした、ということもできる。アメリカがもたらしたものには、公教育だけでなく、物質文化、大衆文化などがあり、その後のフィリピン社会の形成に大きな影響を与えた。また、アメリカ植民地政府は、近代国家の形成に必要な官僚機構、行政システム、軍・警察などの組織を整備し、貿易、経済統制などによって近代国家の財源を確保した。アメリカがもたらした「近代」は、その後のフィリピンにどのような影響を与えたのであろうか。

革命軍に苦しめられたアメリカは、フィリピン人エリート層を懐柔し、アメリカの植民地支配に協力させる必要があった。政治的には、スペイン植民地期にせいぜい町レベルの政治参与しか認められなかったフィリピン人に州政、国政への参加の道を開いた。まず、既得権益の確保として一九〇一年一月三十一日に町政府法を制定し、さらにその一週間後に州政府法を制定して、エリート層を満足させた。つぎに、フィリピン統治の基本となるフィリピン組織法(クーパー法)が翌一九〇二年七月にアメリカ議会で成立した。そこでは、経済政策決定権のアメリカ大統領からフィリピン委員会への委譲、制限選挙によるフィリピン議会の設立、アメリカ議会へのフィリピン代表の派遣などが謳われた。

一九〇〇年九月から立法権を掌握していたフィリピン委員会は、〇一年七月の民政への移行後の同年九月に、それまでのアメリカ人委員四人にフィリピン人委員三人を加えた。その後、一九〇八年に一名、一三年にさらに一名のフィリピン人委員を加えて、フィリピン人委員が過半数を占めることになった。

議会の開設は、国勢調査の実施とその結果が出版されたあと二年間、キリスト教徒地域の治安が確保されることが条件だった。しかし、革命軍のゲリラ活動に悩まされた植民地政府は、治安が確保されていない地域が多々あるにもかかわらず、エリート層の協力をえるために一九〇七年に公選を実施し、フィリピン議会を発足させた。議会は立法権を獲得し、フィリピン委員会は再審議機

▼町政府法　町長は選挙で選ばれた。選挙資格は、二十三歳以上の男子で、一定の財産があるか、スペイン植民地期に町役人の経験があるか、英語またはスペイン語の識字能力があるか、いずれかに該当する者にかぎられた。

▼フィリピン委員会　一八九九〜一九三五年、フィリピン植民地統治の中枢となった機関。初期には行政権、立法権を独占したが、フィリピン人の自治権拡大とともに権限を縮小し、独立準備政府(コモンウェルス政府)の成立で廃止された。

関として上院の役割をはたし、さらにそのうえにアメリカ大統領の拒否権が存在した。選挙資格は町政府選挙と同じで、登録者数、十万余は全人口のわずか一・五%にすぎなかった。

フィリピン植民地統治の基本は、タフト▲を中心に形成された。タフトは一九〇一年に初代民政総督に就任したのち、〇四年に本国で陸軍長官に任命され、〇九年に大統領に選出されてフィリピンに強大な影響力を行使した。一九一三年にアメリカ大統領が共和党から民主党にかわり、ハリソン総督▲(在任一九一三～二一)が任命されると、植民地政府の大幅なフィリピン化と自治権の拡大がおこなわれた。一九一六年にはフィリピン自治法▲(ジョーンズ法)が成立し、議会は上下二院制となり、フィリピン委員会はフィリピン総督府となった。

さらに、一九三四年五月にフィリピン独立法▲(タイディングズ＝マクダフィ法)がアメリカ議会を通過し、独立準備政府(コモンウェルス政府、三五年十一月十五日発足)期をへて、四六年七月四日にフィリピン共和国として独立することが決まった。アメリカからは、総督にかわって高等弁務官が派遣された。

アメリカ植民地政府が地方政府や議会制度の確立を急いだのは、スペイン統

▼ウィリアム・タフト(一八五七～一九三〇)　一九〇〇年に第二次フィリピン委員会委員長に任命され、翌年初代民政フィリピン総督となる。フィリピン自治の時期尚早と自由貿易を一貫して主張した。

▼フランシス・ハリソン(一八七三～一九五七)　一九一三年民主党が政権をとると、下院議員から総督に任命された。植民地政府のフィリピン化を推し進め、フィリピン人が行政経験を積んだ。

▼フィリピン自治法　一九一六年に制定。安定した政府のもとで、独立を認めることを謳った。立法権がフィリピン人に移り、議会が新設され、内閣のフィリピン化も進んだ。

▼フィリピン独立法　一九三四年にアメリカ議会で成立。法案をめぐって主導権争いが起き、オスメニャ(四五頁参照)にたいしてケソン(四五頁参照)が優位に立った。一九二九年恐慌後のアメリカに、フィリピン産の安い農産物と労働力がはいってくることへの警戒感の結果でもあった。

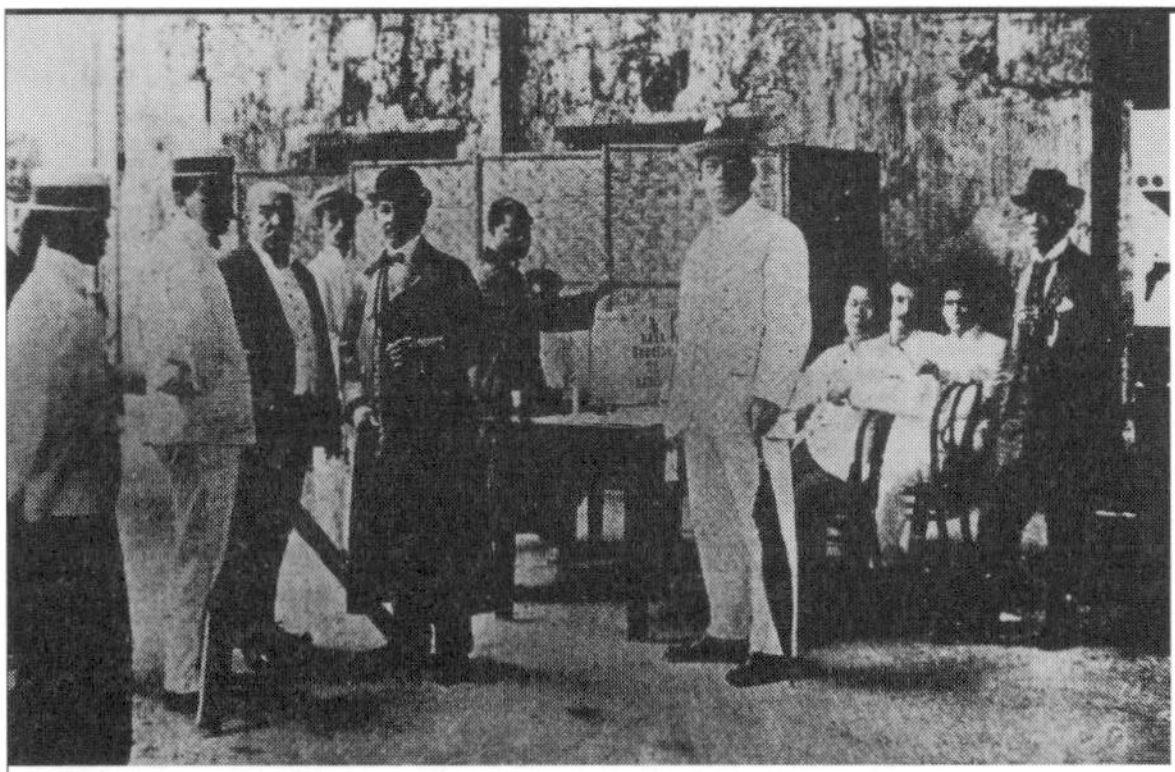

●—第一回フィリピン議会選挙風景（一九〇七年）

●—フィリピン議会（一九一六年）　議会では、アメリカ風の白のスーツと黒の蝶ネクタイが流行った。

アメリカ軍による虐殺　一九〇二年七月四日以降も、各地で戦闘は続き、非戦闘員を含むフィリピン人の無差別殺害・虐殺がおこなわれた。

治期からのエリート層の地方での社会的地位を保証し、革命勢力から離脱させて治安を回復するためだった。さらに、スペイン人が実権を握っていた州政、国政へのフィリピン人の参加は、エリート層の社会的上昇への気運を高め、植民地政府の「協力者」にする効果があった。その背景には、フィリピン人の強い反アメリカ感情があった。

フィリピン・アメリカ戦争中、アメリカ軍による民間人を含むフィリピン人虐殺事件が各地で発生した。フィリピン人一般民衆の犠牲者は二〇万、全人口の約三%と推定されている。経済的には、農耕になくてはならない水牛が九〇%失われ、米の収穫高は四分の一まで激減した。おさまらない革命軍のゲリラ活動にたいしては、一九〇一年十一月に独立あるいはアメリカからの分離を主張した者を死刑もしくは長期刑に処するという内容の暴動教唆法が制定され、〇二年十一月には山賊行為法が制定されて、革命軍の活動は違法となった。さらに、議会が開設された一九〇七年に、フィリピンを象徴する紋章を掲げることを禁じた国旗法が成立した。このような「ムチ」とともに、アメリカ植民地政府はエリート層を優遇し「アメ」を与えることで、軍事力を背景として植民地支配を確立していった。

このようなアメリカ植民支配下のフィリピンの政界で、有力な政治家に成長していったのが、オスメニャとケソンであった。オスメニャは、一八七八年にフィリピン中部ビサヤ諸島のセブで生まれ、マニラのサン・ファン・デ・レトラン学院でケソンと出会い、サント・トマス大学で法律学を学んだ。フィリピン・アメリカ戦争勃発後、大学は閉鎖され、一時革命軍に身を投じたあと、セブで新聞を発行し、アメリカ軍による虐殺などを報じた。一九〇三年には司法試験に全国二番で合格し、翌〇四年にセブ州知事に任命され、〇六年の地方選挙でセブ州知事に当選した。一九〇七年の議会開設とともに、セブ州選出議員となり、一六年まで議長を務め、フィリピン人でもっとも影響力のある政治家になった。

一方、ケソンも同じような経歴をたどった。ルソン島タヤバス州(現ケソン州)で、同じく一八七八年に生まれ、マニラのサン・ファン・デ・レトラン学院を卒業、サント・トマス大学で法律学を学んだ。アギナルドの革命軍に参加し、降伏を経験した。一九〇三年に司法試験に合格したが、順位はオスメニャ

▼セルヒオ・オスメニャ(一八七八〜一九六一)　セブ出身のアメリカ植民地期を代表する政治家。一九〇七年の議会開設後主導権を握ったが、やがてケソンに奪われた。一九三五年成立の独立準備政府の副大統領、四四〜四六年大統領。

▼マヌエル・ケソン(一八七八〜一九四四)　ルソン島出身のアメリカ植民地期を代表する政治家。大統領選挙でアギナルド(二五頁参照)やアグリパイ(三〇頁参照)を敗り、独立準備政府初代大統領(在任一九三五〜四四)となる。日本軍の占領後、アメリカ亡命中に客死。

オスメニャとケソン　ハリソン総督(中央)を支えたオスメニャ院内総務(左)とケソン上院議長(右)。

ケソンと談笑するマッカーサー夫人（一九三五年）　ケソンの社交性が、アメリカ人の心をつかんだ。

より下であった。一九〇五年にタヤバス州知事に当選し、〇七年の議会開設とともに議員に選出された。一九〇九〜一六年に駐米委員を務めたことから、英語でアメリカ人とわたりあえるようになった。フィリピンの政界では、なおスペイン語が支配的な言語であったが、アメリカとの直接交渉では英語能力がものをいった。一九一六年に上下二院制になると、ケソンは上院議長に当選し、オスメニャを押さえて主導権を握ることになった。

オスメニャ、ケソンは、ともに即時完全独立を唱えながら、独立が現実的になると消極的になった。アメリカの庇護のもとで、エリート層の権益を守るほうを優先し、国内政治の主導権争いに明け暮れた。フィリピンでは毎年司法試験の合格発表が大々的に報じられ、合格順位が政界で大きな影響力をもつ。また、ルソン島出身者とビサヤ諸島出身者が正副大統領を分かちあい、地域的バランスをとることも慣行になった。

ともかく、フィリピンでは公選で民意を問う民主主義が確立された。独立準備政府期には、早くも財産による制限が撤廃され、スペイン語か英語の読み書きができれば選挙権をえることができ、女性にも認められた。しかし、フィリ

独立問題（一九一九年）　フィリピン・アメリカ自由貿易の撤廃と軍事的・財政的援助の喪失は、フィリピン政治家の懸念するところとなった。フィリピンの民衆には「独立を望む」といって喜ばせ、アメリカの植民政府には「独立を望まない」といっていぶからせた。

ピンの選挙は、利権めあての「金権選挙」といわれ、選挙のたびに不正が取りざたされ、多くの死者を出すのが特徴となった。それは、国家予算が少なく、強い中央集権的な国家が形成されなかったことにもよる。また、選挙人登録での不正など、本国アメリカで実施されていた負の選挙構造が導入された結果だともいわれる。「大統領より町長のほうが権力をもっている」といわれることがあるように、公共サービスはスペイン植民地期からの基本的行政単位である町政府が担い、人びとの生活に直接影響を与えた。それだけに政治・選挙は、人びとにとって身近な存在になった。

植民地経済

近代植民地を領有することの意味は、植民地の経済開発によって本国に利益をもたらすことにあった。そのためには、全土を管轄する首都機能の充実、首都と地方を結ぶ交通・通信網、人口希薄地（フロンティア）の開発などの必要があり、インフラストラクチャーの整備が急がれた。アメリカがもたらしたといわれる公教育や物質文化も、その整備ができてはじめて実現した。しかし、こ

▼**カントリー・トレード**　イギリス東インド会社からアジア域内貿易を許された私貿易。本格的なイギリスの進出の先兵として、インド商人とともに広くアジアで活動した。

こで確認しておきたいのは、これらの整備に使われた財源も労働力もおもにフィリピン人によってまかなわれた、ということである。しかも、優先的に整備されたのは、革命運動を続行しゲリラ活動をおこなっていた勢力を分断し、その勢力を「平定」するための軍隊に物資を供給するための幹線道路だった。さらに、植民地政府に協力するサトウキビ農園の地主などの要求に応えるものだった。

アジア貿易は、十八世紀ころから中国人やイギリスの地方間貿易(カントリー・トレード▲)が活発になっただけでなく、中国人はコショウ生産やスズ鉱山の開発に乗り出し、ヨーロッパ人も十九世紀後半になると植民地の領域支配と開発に乗り出すようになった。なかでも、イギリスは一八一九年にシンガポールを領有して、東南アジア・東アジアの貿易拠点とし、やがて近代貿易港、電信を利用した銀行などの金融網を整備し、蒸気貨物船の寄港地として賑わう国際港とした。そして、中国人の朝貢貿易体制と私貿易を利用して、遠距離貿易を有利に進めていった。一方、アメリカは一七九六年以来アジア貿易に参入して、フィリピンからの輸出貿易ではイギリスに匹敵するまでに成長していた。

▼**ペイン＝オルドリッチ関税法**
一九〇九年に制定され、フィリピン—アメリカ間の輸出入貿易で免税措置がとられた。同法では砂糖の対米輸出量の制限などがあったが、一九一三年のアンダーウッド＝シモンズ関税法では完全に撤廃され、互恵的自由貿易体制が完成した。

しかし、輸入貿易ではわずか数パーセントを占めたにすぎなかった。

フィリピンを領有したアメリカがまず貿易面でしたことは、アジア貿易を有利に進めているイギリスをフィリピンから閉め出し、独占することだった。そのため、一九〇九年にペイン＝オルドリッチ関税法、▲一三年にそれを補完するアンダーウッド＝シモンズ関税法を成立させて、フィリピン—アメリカ間の貿易で相互に関税を免除する互恵的自由貿易体制を確立した。この「自由」はアメリカにとっての自由で、イギリスなどの外国勢力は事実上排除され、フィリピンはアメリカに従属する貿易体制をしいられることになった。その結果、フィリピン貿易では一九一〇年代半ばで約半分、三〇年代で四分の三を、対アメリカ貿易が占めるようになった。

フィリピンはもっぱらアメリカに輸出される砂糖、ココナツ製品、マニラ麻などの原料となる農産物を生産し、衣類などの工業製品ばかりか、小麦粉など食糧さえアメリカからの輸入に依存する極めて自立性に乏しい経済構造が形成されることになった。国家としては、アメリカに従属することによって搾取されたが、輸出用農産物の生産を担った地主などの富裕エリート層は、アメリカの庇護のもとで富を蓄積していった。他方、工場や農園の労働者や小作農・農業労働者は、低賃金や高率地代のもとで苦しい生活をよぎなくされた。

輸出入貿易において、アメリカの経済圏に編入されたフィリピンでは、アメリカ系資本による対フィリピン投資の機会が増大し、輸出貿易に関連して一次産品加工業、公共事業、鉱山開発などに乗り出した。そのため、タフト委員会は投資機会を最大限に与えうる関係法案や公共事業の許認可にかんする法案の制定を急いだ。しかし、一九〇三年の公有地法▲によって公有地の払い下げが、個人の場合一六ヘクタール(のち二四ヘクタール)、企業の場合一〇二四ヘクタールに制限され、さらに一六年の自治法で将来の独立が約束されたことから、アメリカ人の投資意欲は減退した。その結果、一九三〇年代後半には製糖業、製造業、工業、林業において、フィリピン系資本がアメリカ系資本を上回った。このことは、これらの産業がもっぱらアメリカ向けの輸出か国内消費を目的にすることになり、国際競争力のないまま保護されたことを意味した。

▼**公有地法**　一九〇三年に制定され、農業用公有地の境界確定とその積極的活用を規定した。土地選定における受益者責任制のため、一般農民には大きな負担となった。一九〇二年に制定された土地登記法、一三年に制定された地籍法とともに、所有権確定事業が進められた。その結果、地主階級に多大な利益と隔絶した地位をもたらし、農民にとっては土地喪失の決定的な過程となった。

校舎の上に翻る星条旗　学校教育は、アメリカの植民地支配の象徴となった。

公教育と国民形成

フィリピン・アメリカ戦争中の一九〇一年一月、早くも無償・義務制の初等教育制度が設立された。そこには、スペイン植民地期に教育を受ける機会を制限された民衆の革命精神を懐柔するねらいがあり、アメリカの思惑どおり歓迎された。アメリカから派遣された教師や退役軍人が、アメリカから送られたアメリカ人用の教科書を使い、英語で教育にあたった。公教育をとおしたアメリカ的価値観と文化嗜好の普及は、アメリカ的消費社会を生み出し、アメリカ商品に有利な市場を形成した。

初等教育に続いて、一九〇二年には公立中等教育制度が創設され、翌〇三年にはフィリピン政府の奨学金でアメリカに留学する制度(国費アメリカ留学制度またはペンシオナド制度)が設立された。その結果、英語教育は立身出世の道具となり、一九〇六年の公務員試験で早くも英語での受験者が、スペイン語での受験者を上回った。さらに、一九〇八年に官吏養成を目的の一つとした国立フィリピン大学が設立され、ここに公立学校制度が完成した。

アメリカがいかにフィリピンの教育を重視したかは、ほかの省庁の長がつぎ

トーマス号派遣教師と生徒　一九〇一年八月二十一日、アメリカ人教師約五四〇人がトーマス号でマニラに到着した。

つぎとフィリピン人で占められるようになるなか、一九三五年まで教育部門の長がアメリカ人で、しかも副総督が兼務していたことからもよくわかる。英語を教育と行政機関に強制することによって、行政事務が英語で処理され、監視の目が行き届くようになった。アメリカは、明らかに植民地支配の道具として教育を利用した。

公教育の普及は、フィリピン社会にさまざまな問題を引き起こした。真っ先にフィリピンの公教育制度に反対したのは、カトリック教会だった。国家と教会を分離する世俗国家の原理の導入は、宗教界の危機でもあった。当初、生徒の奪い合いがあったりしたが、宗教教育を植民地支配に利用すべきと判断した植民地政府は、公教育制度の導入と同時に「任意選択制」の宗教教育を認めた。両親や保護者が希望する宗教教育を週三回、一回三〇分間おこなうことが可能になり、宗教教育の担当者は各宗派が派遣した。この規定は、歴代憲法に継承され、フィリピン国民形成の重要な要素となった。その結果、国民の八割以上がカトリック教徒であるため、事実上、カトリシズムの教育がおこなわれ、カトリックの児童・生徒が出席した。

教育格差　教育を受ける権利は、決して平等ではなかった。裕福なフィリピン人の子弟は恵まれた環境で教育を受ける機会をえる一方、多くの貧しいフィリピン人は教育を受けることもできなかった。教育をとおしても格差は広がった。

つぎに、アメリカ文化の普及によってフィリピン文化は軽視され、各地域の独自の文化はほかの地域の人びとに理解される機会を失うことになった。本来、それぞれの民族、地域の文化を尊重し合い、理解したうえで社会統合、国民形成が模索されるべきであるにもかかわらず、モデルとなるアメリカ文化の尊重と理解が、公教育をとおしてフィリピン人に求められた。それが、教育だけでなく雑誌、新聞、映画などのマスメディアをとおして、急速に人びとのあいだに浸透したアメリカの大衆文化とも密接に結びついていった。フィリピン人はアメリカ製品の熱心な消費者となり、新世代のエリートのなかには自文化を軽視し、アメリカに移住する頭脳流出の問題が起こった。公教育は、フィリピンの国民形成を遅らせ、歪んだものにし、のちに大きな課題を残すことになった。

今日、事実上フィリピン第一の「産業」となった海外出稼ぎ労働は、英語の普及がおおいに関係しているだけでなく、フィリピンのコスモポリタン性によるところも大きい。移動性が日常茶飯事のマレー世界に属していたことから、スペインの植民地になるとスペイン領マリアナ諸島やアメリカ大陸にわたる者がおり、一八八〇～九〇年代にはオーストラリア北岸に潜水夫や船員として一〇〇人ほどがわたっていた。アメリカの植民地になると、ハワイなどのサトウキビや果樹農園の労働者として移住する者が増加し、第二次世界大戦後は世界各地のアメリカ軍基地で多くのフィリピン人が働いた。今日、世界各地で医師・看護師、技術者、家政婦、エンターテイナーなどとして働くフィリピン人の姿をみることができるが、それはフィリピン国内に働く場、活躍の場がないことの裏返しでもある。その原因も、アメリカの植民地化によって、自立した産業が発展しなかったことによる。

非キリスト教徒のフィリピン化

アメリカ植民支配下での公教育は、キリスト教徒地区だけでなく、イスラーム教徒を含む非キリスト教徒地区にも普及した。スペインの支配・影響下にはいらなかった非キリスト教徒は、アメリカ植民地期にはいってもキリスト教徒と区別された。植民地政府はキリスト教徒フィリピン人、モロ▲(イスラーム教徒)、非キリスト教徒諸民族または異教徒の三つに分類した。この非キリスト教徒の隔離政策は、キリスト教徒フィリピン人の強い反対にあって、一九一七年に統

▼**モロ**　もともとスペイン人が、イベリア半島に侵入してきたイスラーム教徒ムーア人を指して呼んだ名称。フィリピンでは、敵意と軽蔑を含んで用いられた。近年は、民族運動を高めるために、結束を呼びかける言葉として用いられる。

合政策に切り替えられた。ここで、非キリスト教徒は、キリスト教徒が多数を占めるフィリピンにあってマイノリティになった。

　フィリピン各地の高地非キリスト教徒へのアメリカ統治の影響は、その地理的複雑さからさまざまであったが、多かれ少なかれその影響から逃れることはできなかった。もともと飢饉、伝染病、戦争、占いなどで移動することの多かった人びとは、その影響から逃れるため、あるいはその影響に期待して、さらに移動を繰り返した。また、多くの高地非キリスト教徒諸民族社会が、「ヒトを殺すことによって一人前になる」戦士社会であったため、変化の元凶である新来者をおそうことがしばしばあった。とくに、ダバオのように多数の入植者による開発がおこなわれたところで、犠牲者が多かった。

　アメリカ軍がフィリピンに侵攻したころ、南部のミンダナオ島・スールー諸島には約三〇万人のイスラーム教徒が居住していた。彼らが支配・影響下においていた地域は、フィリピン全土の三分の一にもおよび、軍事的にも決してあなどれない存在だったため、アメリカ軍はフィリピン・アメリカ戦争突入後の一八九九年八月、スールー▲のスルタン（イスラーム王）とベイツ協定▲を結んで、

▼スールー　十六世紀初めにイスラーム王国に発展し、とくに十八世紀後半から十九世紀前半にかけて、中国向け海産物貿易で繁栄した。ミンダナオ島には、同じく十六世紀初めにイスラーム化したマギンダナオ王国があり、十八世紀後半の一時期繁栄したが、その後急速に衰えた。

▼ベイツ協定　フィリピン・アメリカ戦争突入後の一八九九年八月、アメリカ軍がイスラーム教徒との戦闘を避けるために結んだ協定。キリスト教徒地域の平定が進み、イスラーム教徒の脅威が減少した一九〇四年三月に、一方的に破棄した。この協定にみられるように、欧米諸国とアジア諸国とのあいだで結ばれた協定の内容が、欧米の言語とアジアの言語で異なることがしばしばあった。欧米の言語で書かれたもののみにもとづく歴史観によって、歴史は歪められた。

アメリカの主権（イスラーム教徒側の文書には、「主権」の語はない）を認めさせ、スルタンを媒介とした間接統治を実施しようとした。アメリカがスペインとのパリ条約とは別に協定を結んだことは、キリスト教徒とは別にイスラーム教徒の主権を認めたことを意味した。

ミンダナオ・スールー地域は直接アメリカの軍政下におかれ、一八九九年十月のミンダナオ・ホロ軍管区、一九〇〇年三月のミンダナオ・スールー軍管区に続いて〇三年七月にモロ州が設立された。モロ州の設立目的は、政治、経済、軍事、裁判などから宗教を分離する世俗主義の原理にもとづいてイスラームの政治制度や社会制度を解体することにあった。そして、「遅れた地域」を「文明化」し、「進歩」させることだった。

モロ州設立後、イスラーム教徒には人頭税が課せられ、「人道的」見地から「奴隷制」が廃止された。さらに、「海賊行為」の禁止やイスラームの教えにのっとった一夫多妻制が廃止され、アメリカ的概念の普及と「文明化」が推し進められた。アメリカ先住民を手本とするこれらの同化政策に、イスラーム教徒は激しく抵抗した。モロ州の最初の三年間だけで、一〇〇をこえる戦闘で三〇〇〇人以上のイスラーム教徒がアメリカ軍によって殺害されたと推定されている。それにたいして、アメリカ軍の犠牲者は七〇人以下であった。

その後も、イスラーム教徒の局地的・散発的な抵抗は続いたが、やがて北部・中部のキリスト教徒と同じように有力者が懐柔され、国会議員や地方の首長に任命されるなどして、行政機構に組み込まれ、しだいに植民地政府の「協力者」になっていった。スールーのスルタンも、一九一五年のカーペンター＝キラム協定▲によって、宗教的指導者としての権限以外すべてを放棄させられた。一九一三年には軍政のモロ州が廃され、民政のミンダナオ・スールー管区が発足したが、それも二〇年に廃された。このとき、はじめて行政的にフィリピン諸島が一つになった。また、一九一六年にはすでに自治法によってイスラーム地域の問題は、フィリピン議会の権限に移されていた。イスラーム教徒は、上下両院議会に代表を送りはしたが、キリスト教徒が大多数を占める議会の決定した法律に従い、イスラーム法や慣習法は否定された。そして、一九一三年から進められた行政官吏のフィリピン化は、イスラーム教徒を含む非キリスト教徒地域にもおよび、その職の多くをキリスト教徒が占めることになった。

▼**カーペンター＝キラム協定**　一九一五年にモロ州知事カーペンターとスールーのスルタン、キラム二世とのあいだで結ばれた協定。スルタンが世俗権力を奪われたことによって、事実上スールー王国は滅亡した。

イスラーム教徒は、アメリカ植民地政府による行政、教育、保健・衛生、関税をともなう貿易、商業、経済開発などをとおして、アメリカの物質文化の影響を顕著に受けた。フィリピン国民化政策による「フィリピノ・ムスリム」あるいは「ムスリム・フィリピノ」の誕生である。イスラーム教徒が「フィリピン人」になることは、別の問題を引き起こした。

植民地政府は、キリスト教徒の農民の土地要求に応えるため、一九一三年から人口希薄で広大な未開拓地のあるミンダナオ島への入植を勧める政策をとった。キリスト教徒は、従来イスラーム教徒の影響下にあった地域に入植し、また日本人によって大規模なアバカ農園の開発が進められていたダバオなどに農園労働者として雇われた。その結果、しだいにイスラーム教徒やその他の非キリスト教徒諸民族は、先祖伝来の土地であっても、数のうえで少数派になっていった。

ヨーロッパ人は植民地化にさいして、王を中心とした政治制度があり、成文法と規律ある社会制度がいとなまれていると認めた場合、王に植民地政府の宗主権を認めさせ、まず間接統治をおこなうのが通例だった。アメリカがフィリ

●—**アメリカ人教師によるイスラーム教徒の教育**　キリスト教徒もイスラーム教徒もそのほかの非キリスト教徒諸民族も、同じアメリカ的価値観をともなう教育を受けた。

●—**ミンダナオ島への入植**（一九三〇年）　「約束された土地」と呼ばれたが、入植したキリスト教徒も決して豊かにならなかった。「ミンダナオ問題」は開発と近代社会形成の問題でもある。

ピンを領有したとき、スールー王国にたいして間接統治を試みたのも、王国の主権を認めたからだった。しかし、すでにスルタンの権威は失墜し、イスラーム社会は統率力を欠いて混乱状態に陥っていた。その混乱にアメリカ支配が拍車をかけ、イスラーム教徒の指導者のなかに間接統治に利用できる人材はいなかった。その結果、スペインの植民支配にあまんじていたキリスト教徒フィリピン人が、アメリカ人にかわって支配者として登場することになり、さらに事態を悪化させることになった。イスラーム教徒のなかには、キリスト教徒フィリピン人による支配にあまんじるよりは、アメリカの支配下のほうがましだと考える者さえいた。

自然集落を基本とするイスラーム社会やそのほかの非キリスト教徒諸民族社会の人びとの自治にたいする意識は強く、その侵害に激しく抵抗した。それは、その後の反政府活動の根元的原因として残り、今日まで続いている。局地的、散発的な反抗は容易に鎮圧され、政府側に軽視されてきたが、継続性という点では深刻な「ミンダナオ問題▲」となって続いている。

▼ミンダナオ問題　イスラーム教徒の分離独立・自治権拡大運動、高地非キリスト教徒の先住権、入植キリスト教徒の経済開発など、さまざまな問題があり、武力闘争が展開されている。

植民支配下での生活の変化

近代植民地国家の形成は、人びとに多大の影響を与えた。それまで親族・地縁集団を中心に自給を基本とする社会で日常生活を送っていた人びとは、世界分業体制に巻き込まれ、自分たちの生活の全体像がだんだんみえにくくなっていった。人びとは、貨幣を手にいれることによって、生活の安定と豊かさを享受しようとした。しかし、食糧生産・自給と直接結びついた社会と違い、自分の労働の貨幣的価値、とくにその変動を人びとは理解できず、戸惑うことになった。なにより、自給的生活より不安定になり、人びとは不安をいだくようになった。

食糧の自給を基本とする社会では、土地にたいする権利は耕作することが前提だった。ところが、近代的土地所有制度が導入されると、土地は測量、登録され、地籍権をもつ者が、どのように使用するかを決定する権利をもった。多くの一般民衆は土地の登記の意味と方法を知らず、慣行的耕作権が脅かされていることに気づかなかった。土地はエリート層によって登記され、慣行的耕作者は所有権を失い、やがて耕作権をも失ったことに気づくようになった。また、

THEY CLEAN, CULTIVATE, AND IMPROVE THE LAND, WHILE I AM THE OWNER WITH THE TORRENS TITLE.
ELLOS LIMPIAN, CULTIVAN Y MEJORAN EL TERRENO, MIENTRAS YO ME HAGO PROPIETARIO Y OBTENGO TITULO TORRENS.
USURPER USURPADOR
NUEVA ECIJA
HOMESTEADERS

農民の苦悩(一九二二年)　アメリカの植民支配による「近代化」は開発をもたらしたが、農民は働けども豊かにならなかった。

▼中部ルソン地方　マニラ湾から北へリンガエン湾にぬける広大な平野部一帯を指す。ブラカン、パンパンガ、ヌエバ・エシハ、タルラク、パンガシナンの五州を含む。

たとえ耕作者が土地所有権をえたとしても、十八世紀末からの商業的農業の普及にともなって自給用稲作にかわって商品作物栽培を導入した人びとは、栽培に必要な資金の借り入れや価格の変動についていけず、容易に自作農から小作農や農業労働者に転落していった(九頁参照)。

　その変化は、とくにマニラ近郊で世界経済の影響を受けやすい中部ルソン地方▲で顕著だった。このことは、国勢調査からも確認できる。一九一八年にフィリピン全土での小作農率は一七%であったが、三九年には三五%に増加した。中部ルソン地方では二一%から五四%に、全国平均を上回る増加を示した。中部ルソン地方では、農村不安が高まり、農民運動が活発化していった。

　近代植民支配下では、従来から存在した社会が変容しただけでなく、人口希薄な土地の開発がおこなわれた。フィリピンでは、サトウキビやアバカといった商品作物プランテーションが発展した。なかでも、ネグロス島のサトウキビ農園、▲ミンダナオ島東南部ダバオのアバカ農園は大規模で、人びとに多大の影響を与えた。ネグロス島ではシュガー・バロン(砂糖貴族)と呼ばれたフィリピン人地主がフィリピン人労働者を雇って開発し、精製糖にしてもっぱらアメリカに輸出した。それにたいし、ダバオでは日本人移民が栽培の中心となり、キリスト教徒フィリピン人労働者の移住を誘った。先住民バゴボは名義上だけのダミー地主になったり、労働者として雇われたり、古来の生活様式を守るためにさらに奥地へ移住したりした(七七〜八一頁参照)。

近代国家の発展は、中央集権的な体制にあった。換言すれば、首都機能の充実が、国家の強弱に影響したということができる。首都は外交、内政の政治的中心となり、やがては経済、文化などあらゆる面において、権力が集中する場所になっていった。マニラと地方との人的交流は交通・通信網の発達によって結ばれ、マニラで発行された新聞・雑誌などの出版物はマニラの情報を地方の人びとに伝えた。このようにして、マニラと地方は密接に結びついたが、首都マニラが充実すればするほど地方の中核都市は衰退し、地方間の交流はなくなっていった。

▼ネグロス島のサトウキビ農園　十九世紀後半、ネグロス島は砂糖生産地帯に発展した。アメリカ植民地期になると、近代的製糖工場が設立され、関税免除のもとでもっぱらアメリカに輸出する砂糖を一九七〇年代前半まで生産した。

④—フィリピン近代史のなかの日本

フィリピン革命への関与

フィリピンの学校で学ぶフィリピン史のなかで、日本や日本人にかんする記述は、日本人が想像する以上に多い。これまで記してきたフィリピン革命にも、アメリカによる植民地化にも、日本や日本人がかかわり、近代フィリピン国家の形成に少なからざる影響を与えた。従来のフィリピン近代史はアメリカとの関係を基本に記述されてきたが、日本という第三者の視点を加えることによって、フィリピン近代史もまた違った姿をみせる。

十九世紀末から二十世紀にかけて、アメリカと日本はともに後発帝国主義国家の道を歩んでいた。アメリカがフィリピンを領有し、東アジア・東南アジアの通商・軍事力拡大の拠点としたことに、もっとも敏感に反応したのは、同じく東アジア・東南アジアで勢力拡大をねらっていた日本であった。

当時の日本は、富国強兵をスローガンに近代国家への道を着実に歩んでいた。日清戦争(一八九四〜九五年)は、朝鮮進出政策をとる日本と、朝鮮の宗主権を主張する清国との戦いであったが、勝利した日本は朝鮮進出の地歩を確立し、中国大陸進出の足がかりをつかんだばかりでなく、台湾・澎湖《ポンフー》諸島という南方進出の根拠地をも手にいれた。台湾とフィリピン諸島とのあいだは一衣帯水であり、膨張主義をとる日本の目に、つぎの南方進出先としてフィリピンが映っていたことは、ごく自然なことであった。

一方、フィリピンにおいては、日清戦争後にわかに日本にたいする関心が高まり、やがて日本賞賛から期待へと進展していった。そして、フィリピンの改革運動・革命運動の高まりのなかで、具体的に日本で武器を調達するための代表を派遣し、日本の支援のもとに独立を達成しようとする動きが顕著になっていった。また、ほかのアジアの民族運動とも連携をはかり、一八九七年から日本に本拠をおいて活動した孫文▲らとも連絡をとっていた。

しかし、このフィリピン側の期待は、当時の日本にとって無条件に受け入れられることではなかった。日本政府ならびに軍部の一部が、フィリピン情勢に強い関心をいだき、日本の「利益線」にかかわる重大な問題として、進出への絶好の機会であると認識していたことは事実である。が、当時の日本外交の最

▼**孫文**(一八六六〜一九二五)　清末から活躍し、三民主義を唱えた中国人革命指導者。一九一一年に辛亥革命が起こり、翌年中華民国臨時総統に就任した。一九一四年に中華革命党を東京で結成し、一九年に中国国民党に改組・改称した。

アギナルドと日本　カビテ州のアギナルドの博物館に展示してある日本刀と工作員の手紙。

大の懸案は不平等条約改正にあり、欧米諸国との友好関係を維持しなければならなかった。そのため、日本政府は表向きフィリピン革命に中立・不介入の政策をとらざるをえず、直接革命軍と接触することは表だってできる状況ではなかった。

ところが、一八九八年四月にアメリカ・スペイン戦争が始まり、フィリピン革命軍内部でアメリカに支援を求めようとするグループと日本に支援を求めようとするグループとのあいだで激論があり、アメリカの侵略意図が明白になるにおよんで、日本軍部はアメリカのフィリピン占領を阻止するため、革命軍に積極的なてこ入れ工作、すなわち、革命軍内部の日本依存気運を高める工作を始めた。一方、日本政府もこの動きに同調して、アメリカのマニラ占領後、フィリピンの共同統治を提案して、協調外交の枠内でフィリピンでの権益拡大をはかる道を模索した。

そして、翌一八九九年二月五日にフィリピン・アメリカ戦争が勃発すると、革命軍はよりいっそう日本の支援を期待するようになった。武器払い下げ交渉は、紆余曲折をへてまとまり、同年七月十九日、陸軍参謀本部から使い古しの村田銃▲などの武器・弾薬および志士らを乗せた布引丸が長崎港を出港した。しかし、二十一日未明、暴風雨のために中国浙江省寧波《ニンポー》沖で布引丸は沈没した。革命軍とのあいだで合意が成立していた、数十人の日本人軍指導者の受け入れも実現しなかった。

フィリピン革命は、日本の文学界にも話題を提供した。一八八八年に来日し、一カ月半日本に滞在したリサールは、帰路日本からアメリカをへてロンドンまで末広鉄腸《てっちょう》▲と一緒になった。鉄腸は、このときの旅行記を『啞の旅行』(一八九一年)としてまとめ、また船中でリサールから聞いた話をもとに『政治小説　南洋の大波瀾』(一八九一年)を執筆した。その内容は、フィリピンに住む日本人の子孫がスペインと戦い、独立を勝ちとり日本に献上するというものであった。革命勃発後には、山田美妙《びみょう》▲が『桃色絹』『あぎなるど』(ともに一九〇二年)、押川春浪《しゅんろう》▲が『武俠の日本』(一九〇二年)を執筆し、フィリピンの独立運動は、日本人の関心事の一つとなった。

しかし、フィリピン革命に介入することによって、フィリピンに「進出」しようとした日本の試みは失敗した。そして、フィリピンには日本を「救世主」

▼村田銃　一八八〇年に完成した国産単発小銃。一八八五年に改良され、日清戦争で活躍した。

▼末広鉄腸(一八四九～九六)　明治時代の自由民権運動家、新聞記者、政治家、政治小説家、ジャーナリスト。フィリピン民族運動に同情的であったが、鉄腸もフィリピンを将来の植民地とみていた。

▼山田美妙(一八六八～一九一〇)　小説家、詩人、評論家。言文一致体、新体詩運動の先駆者として知られる。

▼押川春浪(一八七六～一九一四)　作家、SF作家、冒険小説家。冒険小説というジャンルを定着させ、少年ファンを熱狂させた。

とみる期待のイメージと、帝国主義国家として躍進し、やがてはフィリピンに進出してくるとみる脅威のイメージの両方が残った。以後、今日にいたるまで、フィリピンはアメリカと日本という大国のあいだを揺れ動く小国の道を歩むことになる。日本に期待したフィリピン人は、革命軍総司令官で一九一五年に日本に亡命したリカルテ将軍▲や、三三年にサクダル党▲を結成し三四年に日本に亡命して武器調達をはかったラモス▲を中心に、反アメリカ・独立運動を展開した。彼らは、一九四一年十二月の日本軍の侵攻とともに、日本軍に協力した。

　一方、「国家」としての日本とは別に、フィリピン人は道路工夫や大工、売春婦「からゆきさん」(七三頁参照)、小商人といった日本人「個人」を直接見るようになった。

フィリピンの日本人労働者

　アメリカ植民地政府は、開発のためのインフラストラクチャーの整備のため、はじめは低賃金または無賃金によるフィリピン人の労働力に期待した。しかし、当時貨幣経済の浸透が不充分だったフィリピンでは、賃金労働者を大量に集め

▼アルテミオ・リカルテ(一八六六〜一九四五)　ルソン島北端のバタック生まれ。フィリピン・アメリカ戦争で逮捕されるが、アメリカへの忠誠を拒否し、グアム島へ流刑。香港追放をへて、日本に亡命。日本占領中は日本軍の宣撫工作に協力し、ルソン島北部の山中で病死。

▼サクダル党　一九三四年の国政選挙で候補者五人全員が当選したが、即時独立のためには武力に訴えるしかないとし、三五年に蜂起し弾圧された。一九三八年に党名をガナップに変更した。

▼ベニグノ・ラモス(一八九三〜一九四五?)　ルソン島ブラカン州の農民の子。タガログ語週刊新聞『サクダル』(告発)を発行し、即時・絶対・完全独立、農地改革、教育用語としてのタガログ語の使用などを主張した。

ることは困難であった。そこで、その不足を補う意味で、中国人などの外国人労働者の導入が計画され、フィリピン行き日本人渡航者およびフィリピン在住日本人人口も、着実に増加していった。そして、一九〇一年一月から始まっていたルソン島北部山岳地帯「夏の首都」バギオにつうじるベンゲット道路▲工事などの植民地開発に必要な労働力の募集をきっかけに、フィリピンの日本人労働者は急増した。のちに、このベンゲット道路工事に従事した日本人のことを「ベンゲット移民」と呼び、日本人のあいだではこの道路をつくったのは日本人であるといわれるようになった。

しかし、日本人労働者はたんにアメリカ植民地政府に雇われ、労働者集団の一翼を担っただけで、日本人が「つくった」というのは明らかにのちにつくられた虚像である。この虚像の背景には、昭和一〇(一九三五)年代の国策としての「南進」があった。日本人はアジアの指導民族であり、アメリカ人をはじめとする白人よりも優秀であらねばならなかった。したがって、「アメリカ人にも、中国人にも、フィリピン人にも成しとげられなかった難工事を、日本人の多大の血と汗と精神力で完成させた」という「ベンゲット移民」の虚像は、そ

▼**ベンゲット道路**　別名ケノン道路。工事期間は一九〇一〜〇五年。当初の予想をはるかにこえる難工事で、完成後もしばしば不通となった。織田作之助著『わが町』の題材ともなった。劇化された「佐渡島他吉の生涯」は、森繁久彌の当たり役の一つとして公演をかさねた。

ベンゲット道路工事中の日本人労働者

の恰好の宣伝材料として誇張・捏造され、ついには一九四三年国定修身教科書に登場した。

当時「移民」という言葉は、今日意味する「永住を目的とした国際間の人口移動」とは違った意味で使われ、一八九六年施行の「移民保護法」では、「労働ニ従事スルノ目的ヲ以テ外国ニ渡航スル者及其ノ家族」と定義された。したがって、「ベンゲット移民」はベンゲット道路工事に従事した日本人海外出稼ぎ労働者を意味した。

この「ベンゲット移民」は、最後の工事総責任者のケノン少佐が一九〇三年六月にマニラの日本領事館、日本の移民取扱会社をとおして募集したもので、今日『日本外交文書』のなかにその契約内容を見出すことができる。しかし、この契約は口頭で、アメリカ側には「ベンゲット移民」雇い入れにかんする史料は残されていない。アメリカ領となったフィリピンでは、本国アメリカの移民制限条例が適用され、契約移民は禁止されていた。すなわち、「ベンゲット移民」は、アメリカ植民地政府が不法であることを承知で、開発に必要な労働力を確保するために雇い入れた労働者集団の一部であった。そして、日本政府もそのことは承知しており、「ベンゲット移民」がめだたぬよう各船の渡航者数を制限したり、マニラから工事現場までの輸送にも人数を制限するなどの配慮をしていた。にもかかわらず、一九〇三〜〇四年の二年間に、その大半が単純肉体労働者であった五〇〇〇人余の日本人がフィリピンに渡航したのは、日本国内の数倍の賃金が支払われていたことがおもな要因であった。そのことは、外貨不足に悩む日本政府にとって好都合なことだった。

このベンゲット道路工事の終了した一九〇五年から、フィリピン行き日本人渡航者数は激減する。この時期に一連の初期植民地開発事業が一段落し、フィリピン人賃金労働者の増加もあって、フィリピンの日本人労働者の多くが失業したためである。しかし、日本人労働者の評価が芳しくなかったことも事実である。日本人労働者は、大工など技術を要する作業では高い評価をえたが、一般に高い賃金を要求するわりに定着性がなく、苦情が多いことで知られていた。そして、「移民」を送り出した日本政府や移民取扱会社は「失敗」であったと評価し、マニラ行き旅券の下付を見合わせていた。

急激に減少したのちの渡航者数は徐々に回復したが、フィリピン在住日本人

サンボアンガ市庁舎　一九〇八年に約一三〇人の日本人大工が雇用され、建築工事に従事していた。

人口は多少の増減はあったものの明治末年(一九一二年)まで二〇〇〇人前後であった。「ベンゲット移民」以降、単純肉体労働者はみられなくなり、大工、木挽《こびき》、杣職《そましょく》、漁夫など、日本人の技術力を利用した出稼ぎ労働者が、その大半を占めるようになった。これらの出稼ぎ労働者は、景気に敏感に反応し、長くフィリピンにとどまることはなかった。フィリピン人が直接眼にした当時の日本人は、農村出身者で衛生観念に乏しく、アメリカ人、スペイン人に比べ体格・品格で見劣りしたため、フィリピン人から尊敬される存在ではなかった。雇用者、被雇用者双方が長期的な雇用を望まず、日本人、フィリピン人双方がたがいに尊敬しない状況でかぎられた人数の日本人労働者が雇用されたため、フィリピン社会への影響はかぎられたものにすぎなかった。

アメリカ植民統治下初期(明治期)、フィリピンの日本人労働者は、注意を喚起するほどの規模、内容ではなかった。そのため大規模な排日運動は起こらず、渡航希望者もさほど多くなかったことから、日本政府もあえて渡航者を制限する必要はなかった。日本人労働者で、将来定着が望めたのは、土地を購入・租借し、日本人資本・経営のもとでアバカ栽培を始めていたダバオの農夫と、フィリピン社会のなかで商業活動をおこなっていた雑貨商だけであった。前者は第一次世界大戦を契機として飛躍的な発展をとげ、第二次世界大戦前、日本人人口二万のマニラ麻産業の町を形成した。後者は日本からの大資本の進出後も、独自のフィリピン社会の人脈をとおして活動を続けた。これらの日本人のフィリピンでの活動をみる前に、「からゆきさん」▲について語る必要があるだろう。

「からゆきさん」

十九世紀後半から二十世紀初頭にかけて、アジアからの移民が大量に発生した。アジア各地は、欧米の植民地化・半植民地化のなかで、激しい経済変動にみまわれ、その変動についていけない人びとが故郷で土地・職を失い、大量の人びとが故郷を離れた。なかには海外に出ていく者もおり、その数、数千万人と推定される。これらのアジア人移民の大半は、奴隷廃止にともなう労働者不足に陥っていた世界各地の欧米勢力下の土地で、クーリー▲労働者として雇われることになった。「ベンゲット移民」もその一部といっていいだろう。

そして、これらの男子労働者にともなって、中国人売春婦「豬花《ちょか》」が発生し、

▼**「からゆきさん」**　明治初期から昭和初期まで、海外に売春婦として流出した女性を指す。「唐行き」、つまり外国行きを意味する。とくに九州北西部からが多かった。東南アジア、中国東北地方を中心に、アメリカやオーストラリア、アフリカまで進出した。

▼**クーリー**（苦力）　もともと中国やインドの下層労働者を指したが、東南アジアでは単純肉体労働者を意味した。

「豬花」を補うかたちで日本人売春婦「からゆきさん」が東南アジア各地でみられるようになった。これら東南アジアのアジア人売春婦は、イギリス領植民地における公娼制度（香港一九三二年まで、シンガポール三〇年まで）のもと、急速に増加していった。日本人売春婦の分布を一九一六年の例であげれば、次頁の表のようになるが、さらに詳しく記せば、東南アジア・中国東北地方を中心に津々浦々に分布していたことがわかる。換言すれば、当時東南アジアで開発がおこなわれていたところのどこにでも「からゆきさん」がいたことになる。これらの「からゆきさん」は、現在外務省外交史料館に残る渡航者名簿には登場することのない密航者で、日本政府も外貨を稼ぐもっともてっとり早い手段として、その存在を容認した。福沢諭吉▲も『時事新報』（一八九六年一月十八日）で、娼婦の出稼ぎは「経世の必要なる可《べ》し」と説いている。

東南アジア各地の日本人の活動は、一般にこの「からゆきさん」に追随したものとみられている。しかし、フィリピンの「からゆきさん」の活動は、「ベンゲット移民」などほかの日本人の活動とほぼ同時に始まった。マニラに「からゆきさん」が登場するのは、一八九〇年代末のことであったが、一九〇二年

▼**福沢諭吉**（一八三五〜一九〇一）思想家、教育者。男女同等論を唱え、一夫多妻や妾をもつことを非難したが、隠匿は可とした。女は女の「分限」があると主張し、公娼制度は積極的に肯定した。

(Lipag Kalabaw, 18 January 1908)

●—マニラ市サンパロク区の紅灯街（一九〇八年）

「からゆきさん」人口(1916年　調査領事館別)

領事館	醜業婦	準醜業婦	外娼
シンガポール領事館			
海峡植民地	546		
マレー半島連邦州ほか	1,057		
マニラ領事館	282	50	59
バタビア領事館	406	607	79
バンコク領事館	26		
ホンコン総領事館			
イギリス領ホンコン	156	40	37
ポルトガル領マカオ	6		8
フランス領ハノイ	113		80
カルカッタ総領事館			
インド本土	67		
ビルマ(現ミャンマー)	222		
ボンベイ領事館	102	11	
シドニー総領事館	51		
チチハル領事館	321	58	
ハルビン総領事館	794		
ウラジオストク総領事館	750	60	226
合　計	4,899	826	489
総　計			6,214

の法律でフィリピンでは売春行為が禁じられたにもかかわらず、その後「からゆきさん」は急増した。同年末に香港から渡航してきた「からゆきさん」の一団は、フィリピン・アメリカ戦争終了後も駐留しつづけたアメリカ軍兵士にたいする必要上から黙認され、マニラ市サンパロク区の一郭に日本人紅灯街(歓楽街)を形成し、翌一九〇三年初めには三六戸、一四〇人に達し、漸次増加していった。同年の国勢調査では、自ら売春婦と認めた女性は四七六人で、その約半数は日本人であると記している。日本人売春婦は、アメリカ軍の強い要望により、アメリカ軍の駐留する所のどこにでもおり、フィリピン各地に少なくとも三〇〇〜四〇〇〇人が存在した。

しかし、第一次世界大戦中に戦場とならなかった日本は、欧米列強の手薄となった東アジア・東南アジア市場に経済進出し、経済力をつけるにおよんで、外貨稼ぎの先兵としての「からゆきさん」の役割は終わった。それは同時に、「からゆきさん」が日本資本の東南アジアへの進出の弊害となる「国辱」的存在になったことを意味し、彼女らは救済されることのないまま廃娼運動の高まりとともに、表舞台から姿を消していった。

マニラでは、「からゆきさん」を必要としたアメリカ軍兵士のあいだで性病が蔓延したため、一九一八年十月サンパロク区の紅灯街が閉鎖され、フィリピン人二五〇人、日本人一二二人の売春婦が逮捕された。また、一九一〇年ころからアバカ農園の労働者を相手に、日本人紅灯街を形成していたダバオでも廃娼の動きが高まり、一九年に強制移転後、翌二〇年に廃止された。ダバオは、廃娼当時、マニラ以上の日本人人口を擁する町に発展していた。

ダバオのマニラ麻産業

アメリカ領となったフィリピンでは、商品作物栽培がいちだんと盛んになった。なかでもアバカは、サトウキビと並ぶ重要商品作物となった。マニラ麻は古くからフィリピン諸島各地で布地の原料として使用され、スペイン人もガレオン船用索具の原料として使用した。マニラ麻が輸出貿易品として大量に取り扱われるようになったのは、クリミア戦争▲後のことであった。従来、船舶用索具として使用されていた樹皮繊維ロシア麻が品薄となり、すでにその優秀さが知られていたマニラ麻が硬質繊維市場を独占するようになった。それ以降、第

▼クリミア戦争　オスマン帝国の領土をねらうロシアとトルコとの戦争から発展して、一八五三〜五六年におこなわれたロシアとイギリス・フランス・トルコ・サルデーニャとの戦争。

二次世界大戦までの約一世紀間、フィリピン諸島にのみ生育した芭蕉科の植物アバカは、フィリピンでもっとも重要な輸出用商品作物の一つとなった。おもな生産地は、はじめルソン島南部ビコール地方であったが、第一次世界大戦を境にミンダナオ島南東部ダバオ地方へと移っていった。

　ダバオでは、アメリカ植民地政府の援助もあり、はじめアメリカ人を中心にアバカ栽培が急速に発展し、一九〇二年の耕作面積二四九九ヘクタール、三〇八トンの生産から、一〇年には一万六四一〇ヘクタール、八五九二トンへと増加した。しかし、アメリカ人によるアバカ栽培は、それ以上発展しなかった。資本と労働力の不足が決定的な原因であった。

　一方、一九〇三年にアバカ・プランテーション用労働者としてダバオにわたった日本人は、〇七年に太田興業株式会社▲、一四年に伊藤忠兵衛▲から援助を受けた古川拓殖株式会社▲を設立して、本格的にアバカ栽培に乗り出した。さらに、第一次世界大戦景気による日本国内の余剰資本が、ダバオに流入し、一九一八年末までに七一の日本人経営の農業会社が設立され、二一年にはダバオ州のアバカ耕作面積は三万四二八〇ヘクタールに増加した。そして、一九一九年の新

▼**太田興業株式会社**　「ダバオ開拓の父」と呼ばれた太田恭三郎によって、一九〇七年に設立された農業会社。古川拓殖株式会社とともに、ダバオの日本人アバカ栽培事業の中心となった。

▼**伊藤忠兵衛**　滋賀県豊郷町生まれの初代は、呉服商から発展して、綿・綿糸を輸出入した。息子の二代目は、さらに事業を拡大し、大手総合商社、伊藤忠商事と丸紅の基礎を築いた。

▼**古川拓殖株式会社**　初代伊藤忠兵衛の義甥の古川義三が、東京帝国大学農科大学卒業の翌年、一九一四年にダバオで設立した農業会社。

▼新公有地法　一九一九年に公有地法を改正して、資本金または株式のうち六一%以上が、フィリピン人またはアメリカ人所有の会社でなければ、公有地購入または租借の申請をできなくした。

ダバオ上陸直後の日本人労働者（一九〇三年）

公有地法▲によって、公有地を購入・租借できなくなった日本人は、ダバオの先住民バゴボを名目的に「地主」とし、収穫高の一〇~二〇%の「小作料」を支払う「小作人」になることによって、アバカ耕作面積を拡張し、三〇年には七万五〇七〇ヘクタールとした。しかし、日本人が進出した土地はもともとバゴボ人の居住地で、日本人によるアバカ耕作面積の拡張の歴史は、同時にバゴボ人の土地喪失の歴史でもあった。

日本人とバゴボ人との初期の関係は、決して悪いものではなかった。第一次世界大戦中のアバカ・ブーム以前は、日本人人口も数百と少なく、農業労働者、自営者、商店主としてバゴボ人との個人的関係も深く、まったく男性のみであったことから、バゴボ人の女性と結婚する者もいた。なかにはダト（首長）になる日本人もいた。

しかし、第一次世界大戦が始まり、マニラ麻価格が急騰すると日本本土から移民、資本が大量に流入し、バゴボ人の存在を無視して、「未開墾地」を開拓するようになった。先祖伝来の土地を奪われ、焼畑耕作を基本とする生活を維持していくことが困難になったバゴボ人は、許可なく境界内に侵入してくる日本人開拓者をつぎつぎにおそうようになった。その殺害者数は、一九一八年から二一年のもっとも開墾が盛んだった時期に一〇〇人をこえた。バゴボ人の戦士は日本人に姿をみせることなく、殺害していった。これらの殺人は慣習法によって認められたもので、ましてや自分たちの生活を脅かす開拓者を殺すことは、彼らにとって当然のことだった。

日本人とバゴボ人との関係は、不幸なできごとばかりではなかった。一九一九年の公有地法改正以後、日本人自営者は、山地のバゴボ人の土地を「借りて」、アバカを栽培するようになった。この「借地」にさいして、バゴボ人との問題を最小限に抑える役割をはたしたのが、日本人とバゴボ人の女性との結婚であった。一九三九年の国勢調査によると、ダバオ州で二六九人のフィリピン人が日本人と結婚し、七五四人の混血児がおり、二〇八人が日本人小学校にかよっていた。しかし、未登録のものや内縁関係も数多くあったことから、実際にはその数倍の日本人とフィリピン人との結婚があり、その大半がバゴボ人の女性との結婚であったと考えられる。

日本人にとって、土地獲得という意味で、バゴボ人の女性との結婚は、都合のいいことであった。一方、焼畑耕作、狩猟・採集生活に必要な土地を失ったバゴボ人にとっても、日本人との結婚は都合のいいことであった。生活の術を失ったバゴボ人は、日本人「小作人」から「地代」を受け取るか、日本人農園で働くことによって、新しい生活の術を見出していった。

日本人による効率的なアバカ栽培は、事実上日本人以外のアバカ栽培を排除し、独占した。その背景には、低廉高品質、安定したマニラ麻の供給を望むアメリカの製綱業界の需要があった。しかし、第二次世界大戦後、日本人は本国に強制送還され、また化学繊維の出現によるマニラ麻の需要低下もあって、ダバオのアバカ栽培は急速に衰退した。バゴボ人は、土地と信用経済の管理者であった日本人を失い、北部から移住してきたキリスト教徒に名義上も実質上も土地を奪われていった。そして、ダバオには日本人の父親を失った多くの混血児が残された。

日本人の商業活動

フィリピン在住日本人の商業活動は、まずマニラを中心に発展し、雑貨商が

▼**田川森太郎**（一八六四〜一九二〇）　長崎生まれ。パナマで酒場のボーイをしたのち、パナイ島イロイロで船大工をし、一八九一年にはルソン島ブラカンに居住していた。一八九三年に一時帰国し、九四年ころマニラに田川商店を開いた。

徐々に増加していった。しかし、その増加ははじめゆるやかで、大資本の進出はみられなかった。この時期の特徴は、行商人、せんべい屋、かき氷屋など資本をほとんど必要としない者が増加し、フィリピン人相手に地道に活動していたことである。彼らはやがて各地に雑貨店を開いていった。この初期の日本人商業界の中心人物が田川森太郎▲であった。一八九四年ころ、マニラに田川商店を開いた田川は、フィリピン革命中、革命軍と日本人軍債の仲介・通訳をした人物として知られる。また、一雑貨商の業務をこえて、移民取扱業、建築請負業、漁業会社設立など、さまざまな仕事に関与し、日本人の活動の端緒を開いた。

日本人による商業活動が飛躍的に発展するのは、第一次世界大戦を境としてであった。戦場となったヨーロッパからの輸入商品が激減し、さらに戦後のインフレのため、日本商品の輸出に有利な条件がそろっていた。また、戦争景気による日本国内の余剰資本がダバオばかりでなく、マニラにも流入し、各商社・銀行の支店・出張所の開設があいついだ。日本政府もこれらの動きに対応して、一九一九年五月二十九日にマニラ領事館を総領事館に昇格し、翌二〇年

日本バザー　日本から輸入した綿布・綿製品や各種雑貨類は、日本バザーなどフィリピンたたきあげの日本人経営の商店をへて、フィリピン全土で売られた。

三月六日にダバオに分館を設置した。

日本—フィリピン間の貿易量も急速に増加し、日本からフィリピンへの輸出額は、一九一〇年の四四一万円から一五年七七一万円、二〇年三四三八万円へ、フィリピンから日本への輸入額は一〇年の七九万円から一五年七三一万円、二〇年一六四〇万円へと増加した。そして、日本からの輸出品は、石炭・セメントが全体の二〜三割を占めていたのが、一九二〇年以降は綿布・綿製品が上位を占め、多種類の雑貨類がフィリピン市場を賑わした。日本への輸入品ではマニラ麻が大半を占め、一九三〇年代になると木材が二位を占めるようになった。日本の対フィリピン貿易は急増し、一九〇九年にフィリピンの全貿易額中一〇位であったものが、一九年に三位、二九年に二位になった。しかし、アメリカ領フィリピンでは、アメリカとの特殊な貿易関係があり、日本との貿易額は全体のせいぜい一割程度にすぎなかった。

日本人による商業活動は、貿易より小売業で発展した。このことは、第一次世界大戦以降大商社や銀行などが進出する一方で、それ以前から存在した雑貨商が、根強く活動していたことを示している。そして、一九三一年の満洲事変時にそれまで卸売業を支配していた中国人商人が日本商品のボイコットにでたとき、逆に日本商品の販路が拡大したのは、大商社と雑貨商との連携があったからであり、それに応えるだけの日本商品の品質向上があった。

フィリピンの近代消費社会の出現は、アメリカの植民地化による教育制度の普及や交通網の整備によって、その基礎ができた。そして、フィリピン民衆の手に届きやすい安価な日本商品の出現によって、市場は拡大した。日本商店は、安い日本商品を供給しただけでなく、手にとって品定めできるようにするなど、商品を身近で求めやすいようにした。これらの消費物資は、クリスマスと町・村のフィエスタ▲(祭)、新学期に一気にその需要を伸ばした。洋服の新調が年中行事になり、新しい商品を購入する機会になった。国家間の貿易では、フィリピンの農産物にかわって大量に輸入されるアメリカ製の消費物資の影響が大きいと考えられても不思議ではないが、アメリカ製品はフィリピン民衆にとってあまりにも高価であった。彼らが手にすることができたのは、安価な日本製品であった。民衆の消費社会の形成と発展という視点に立てば、日本商店・商品の影響が大きかったといえるだろう。

▼**フィエスタ**　元来、カトリック教会における守護聖人の祭を指す。フィリピンの町や村では、それぞれ守護聖人の祝祭日を大々的に祝う。宗教行事であるとともに、同郷意識を高める重要な行事でもある。

フィリピンの植民地化と日本人

　このようにフィリピンにおける日本人「個人」の存在は、アメリカの植民地支配を補完・強化するものであったことがわかる。「ベンゲット移民」は植民地開発に必要な労働力を提供し、「からゆきさん」は駐留アメリカ兵の需要を満たした。ともに不法で、危うい存在であった。ダバオのマニラ麻産業は、もっぱらアメリカの製綱業界が必要としたものであった。そして、日本人小売商はフィリピン人の商業活動の発展を妨げ、安価な日本商品はフィリピンの製造業の発展を妨げた。フィリピン人が自立した社会を形成しないことは、アメリカの植民地支配にとって好都合で、日本人はそれに「協力」したことになる。

　一方、日本人「個人」とは別に、軍事大国化する「国家」としての日本は、中国で侵略戦争を展開し、軍備の整っていないフィリピンに脅威を与えた。とくに、一九三五年の独立準備政府成立後は、国防がフィリピン政府最大の懸案事項の一つになった。そして、一九四一年十二月八日の日米戦争開戦後、日本人「個人」と「国家」は一体化して、フィリピンを占領していった。フィリピ

日本の脅威（一九三五年）　独立が現実化したフィリピンで、もっとも懸念されたことの一つが日本の進出であった。

ン人は、戦前に脅威を感じなかった日本人「個人」を、日本「国家」と同一視するようになった。

フィリピン革命百周年をへて

一九九六〜九八年にフィリピンは革命百周年をむかえ、未完の革命を再考するとともに、その後のアメリカによる植民地支配を問う気運が高まった。そうしたポスト・コロニアルの視点は、国民的英雄をめぐる論争、宗教的民族運動、固有文化など、さまざまな分野で取り上げられた。

本書で述べてきたように、フィリピン革命は未完に終わったために、革命で問うた階級間格差の是正どころか、アメリカの植民地支配下で貧富の差は拡大した。貧富の差の拡大は、アメリカに従属する経済構造のもとで、民衆は搾取される一方で、優遇されたサトウキビ農園主のようなエリート層が富を蓄積していったことによる。このことは、その後の農民運動などフィリピンの社会不安の原因となり、今日まで深刻な問題として引き続いている。

この農村の社会不安の解決策の一つとして進められた、キリスト教徒の入植によるミンダナオ島の開発は、先住イスラーム教徒とキリスト教徒との対立を激化させた。マイノリティになったイスラーム教徒は、経済的に差別されていると感じ、独立や自治を求めるようになった。一方、「約束された土地」に希望をいだいて入植したキリスト教徒も、決して豊かにならなかった。

また、キリスト教徒のあいだでの国民統合の問題も、アメリカの植民支配下でいっそう困難な問題となった。アメリカがもたらした物質文化が支配的となり、その再分配センターとしてマニラの役割が大きくなり、マニラ中心主義的傾向が進んで、地方特有の文化や社会が尊重されないということになった。英語の普及から、優秀な人材が海外に流出するだけでなく、だれでもが気軽に海外に出稼ぎにでる風潮が促進された。グローバル化する今日の世界で、フィリピンではナショナル・アイデンティティが問われ、未完のフィリピン革命を達成するために寄与するナショナル・ヒストリーが模索されている。

フィリピンの今日の政治的・経済的に困難な問題は、その源をたどれば未完のフィリピン革命とアメリカ植民地政策にゆきつくものが多い。それだけにフィリピン人にとって歴史は過去を問うだけでなく、現在を問い、未来を切り開くために必要なものである。そして、その歴史に日本人が大きくかかわってきたことを、日本人は考える必要があるだろう。

参考文献

池端雪浦『フィリピン革命とカトリシズム』勁草書房　一九八七年
池端雪浦編『東南アジア史Ⅱ　島嶼部』（新版　世界各国史6）山川出版社　一九九九年
池端雪浦・リディア・N・ユー・ホセ編『近現代日本・フィリピン関係史』岩波書店　二〇〇四年
池端雪浦『フィリピン革命の研究』山川出版社　二〇二二年
石井米雄監修、鈴木静夫・早瀬晋三編『フィリピンの事典』（東南アジアを知るシリーズ）同朋舎出版　一九九二年
レイナルド・C・イレート（清水展・永野善子監修）『キリスト受難詩と革命――一八四〇～一九一〇年のフィリピン民衆運動』法政大学出版局　二〇〇五年
レイナルド・C・イレート、ビセンテ・L・ラファエル、フロロ・C・キブイェン（永野善子編・監訳）『フィリピン歴史研究と植民地言説』めこん　二〇〇四年
木村毅『布引丸――フィリピン独立軍秘話』恒文社　一九八一年
レナト・コンスタンティーノ（鶴見良行監訳）『フィリピン・ナショナリズム論』井村文化事業社　一九七七年
レナト・コンスタンティーノほか（池端雪浦ほか訳）『フィリピン民衆の歴史』井村文化事業社　一九七八～八〇年
佐藤次高編『人物世界史4　東洋編』山川出版社　一九九五年
デイビッド・J・スタインバーグ（堀芳枝・石井正子・辰巳頼子訳）『フィリピンの歴史・文化・社会――単一にして多様な国家』明石書店　二〇〇〇年

寺見元恵「フィリピン大衆小説にみる日本(人)像の変遷」『世界史像の研究』四号　一九八四年
中野聡『フィリピン独立問題史――独立法問題をめぐる米比関係史の研究(一九二九～四六年)』龍溪書舎　一九九七年
中野聡『歴史経験としてのアメリカ帝国――米比関係史の群像』岩波書店　二〇〇七年
永野善子『フィリピン経済史研究――糖業資本と地主制』勁草書房　一九八六年
永野善子『砂糖アシエンダと貧困――フィリピン・ネグロス島小史』勁草書房　一九九〇年
永野善子『歴史と英雄――フィリピン革命百年とポストコロニアル』御茶の水書房　二〇〇〇年
永野善子『フィリピン銀行史研究――植民地体制と金融』御茶の水書房　二〇〇三年
早瀬晋三『「ベンゲット移民」の虚像と実像――近代日本・東南アジア関係史の一考察』同文舘出版　一九八九年
早瀬晋三『海域イスラーム社会の歴史――ミンダナオ・エスノヒストリー』岩波書店　二〇〇三年
早瀬晋三『歴史研究と地域研究のはざまで――フィリピン史で論文を書くとき』法政大学出版局　二〇〇四年
早瀬晋三『フィリピン近現代史のなかの日本人』東京大学出版会　二〇一二年
早瀬晋三『すれ違う歴史認識――戦争で歪められた歴史を糺す試み』人文書院　二〇二二年
早瀬晋三ほか『写真記録　東南アジア　歴史・戦争・日本』ほるぷ出版　一九九七年
矢野暢編『東南アジアと日本』(講座東南アジア学10)弘文堂　一九九一年
吉川利治編『近現代史のなかの日本と東南アジア』東京書籍　一九九二年
ホセ・リサール(岩崎玄訳)『ノリ・メ・タンヘレ――わが祖国に捧げる』井村文化事業社　一九七六年
ホセ・リサール(岩崎玄訳)『反逆・暴力・革命――エル・フィリブステリスモ』井村文化事業社　一九七六年

図版出典一覧

Best, Jonathan, *Philippine Picture Postcards 1900–1920*, Makati, Bookmark, 1994. *11*下

Cojuangco, Margarita R., et al., *Konstable: The Story of the Philippine Constabulary 1901–1991*, Manila, ABoCan Enterprises, 1991. *33*下, *52*

Filipino Heritage: The Making of a Nation, Lahing Pilipino Publishing, 1978. *15*上中, *22*, *27*下, *43*下, *46*, *59*上

Karnow, Stanley, *In Our Image: America's Empire in the Philippines*, New York, Random House, 1989. *44*

Kasaysayan: The Story of the Filipino People, Asia Publishing Company, 1998. *14*, *15*下, *19*, *20*右左, *21*右左, *24*, *26*上中, *30*右左, *34*右左, *37*, *43*上, *45*, *51*

McCoy, Alfred W., and Alfredo R. Roces, *Philippine Cartoons: Political Caricature of the American Era 1900–1941*, Quezon City, Vera-Reyes, 1985. *47*, *53*, *59*下, *62*, *75*, *86*

Richards, Carmen Nelson, ed., *Death Stalks the Philippine Wilds: Letters of Maud Huntley Jenks*, Minneapolis, Lund Press, 1950. *79*

The Philippines 100 Years, 1898–1998, London & Edinburgh Publishing, 1998. カバー裏

U. S. National Archives and Records Service, Washington D.C., Record Group 350: Records of the Bureau of Insular Affairs, 1898–1935. *70*

Zaragoza, Ramón Ma., *Lost Era,* Makati, RAMAZA Publishing, 1994. *11*上, *31*, 扉

毎日新聞社編『フイリピン共和国　報道写真集』毎日新聞社　1944 *83*

PPS 通信社 カバー表

著者撮影 *2*, *4*右左, *5*, *7*, *23*, *26*下, *27*上, *28*, *29*, *35*, *66*, *72*

世界史リブレット⑫③

未完《みかん》のフィリピン革命《かくめい》と植民地化《しょくみんちか》

2009年 2 月28日　1 版 1 刷発行
2023年 7 月31日　1 版 4 刷発行

著者：早瀬晋三《はやせしんぞう》

発行者：野澤武史

装幀者：菊地信義

発行所：株式会社 山川出版社

〒101-0047　東京都千代田区内神田 1 -13-13
電話　03-3293-8131(営業) 8134(編集)
https://www.yamakawa.co.jp/
振替 00120-9-43993

印刷所：明和印刷株式会社

製本所：株式会社 ブロケード

世界史リブレット　第Ⅲ期［全36巻］

〈白ヌキ数字は既刊〉